おーい図書館！

市民による図書館運動二〇年の記録

「身近に図書館がほしい福岡市民の会」編

石風社

おーい図書館！　市民による図書館運動一〇年の記録◎目次

第二章　子どもと図書館 ―――― 151

第三章　暮らしのなかに図書館を ―――― 209

まえがき　おーい図書館、一緒に歩こうよ！

「身近に図書館がほしい福岡市民の会」代表世話人　力丸世一

よく知られたCM「おーいお茶！」ではありませんが、「おーい図書館！」と呼びかけてすぐに行ける範囲に図書館がある人は大変幸せな人です。

図書館のある暮らしと日常的に図書館が利用できないところに住む人とは、今のような情報化社会にあっては格段の差です。同じように税金を払いながら日常的に図書館を利用できない人は怒ってもいいのです。

困ったことが生じたら友人、知人に尋ねることもします。新聞や本、雑誌などから必要な知識を得ようとします。しかし、身近から得ようとするものには限りがあります。一人で調べるには時間と費用もかかるでしょう。図書館があればいろいろの角度からより必要な資料・情報を得ることができるでしょう。さらに、その道の専門家（司書）が相談に乗ってくれます。そんな便利なものを利用しない手はありません。例えば……

●暮らしを豊かにするため

「今度、立山に登る予定があるんだけど交通手段はどうだったかしら？　ルートを調べておきたいの」

「転勤になった。転勤先の情報がほしい。子どもの学校や病院、買い物の便など調べて家族を安心させたいんだ」

●趣味をひろげるために

「何気なく立った書架の前にあった本、今まで全く手にしたことがない作家の本だったけど、これが面白くて……」

「図書館に行けば碁の仲間と会えるしねぇ。今日あたり行ってみるか」

「若いころは本を読んでいたら親から叱られたものだった。それに、図書館は学生さんの行くところかと思って遠慮していたけれど、いろんな人いろんな本と出会えるし……。病院の待合室で過ごすよりよほどいいわねぇ。第一、孫たちとも話が合うようになってね。大きな活字の本もあって助かるよ」

「亡くなった母の着物がたくさんあるの。箪笥の肥やしにはしたくないからリフォームを考えているんだけど適当な本はあるかしら」

●仕事に役立つ、図書館ってすごい

「労務管理の本、こんなものあるのかナァ、と思いながら行ってみるとそろってるねぇ。経営や能力開発関係の本もあって刺激になったよ」

●暮らしに役立つ

「家の前に今度一〇階建のビルが建設されるという噂なの。困るわァ、日照権のことも気になるし。電話で司書の人に聞いてみたの。何冊か用意しておきます、と言うので行ってみるときちんと法律関係や環境関係の本まで準備してあってね」

「子どもと二人、一日中、家の中にいると息がつまっちゃうの。かといって行くところもないしね。そう思っているところに友達がおはなし会に誘ってくれたの。楽しくって親子してはまったわ」

このように、図書館は私たちのすぐ側《そば》にあって皆の役に立つものなのです。

実は私も図書館を知りませんでした。図書館のないところで生まれ育ちました。知らないから必要性も感じなかったのです。ところが、親となり子どもに本を読んでやろうかと書店で本を求めました。しかし、読んでやっても子どもたちが喜ぶふうはありませんでした。あきらめかけていた丁度そのとき、税金が四桁から五桁に上がったのです。怒り狂って税金分を取り戻そうと、下心をもって図書館を利用するようになりました。やがて何回か利用するうちに図書館の力を知ることになりました。司書の方に「こんな本を読んであげたら」とすすめられ子どもに読んでやると全く違う反応で大変驚きました。どんな本を子どもに薦めたらいいのか、考えずに渡していたのです。そのときに司書専門職の力を知りました。

もしあの図書館に司書専門職の人がいなかったら私の今はずいぶん変わったものになったでしょ

う。そのときから私は図書館大好き人間になりました。夫の転勤のたびに、いろんな図書館や図書館で働く人たちにいろいろ教えてもらいながら今日に至りました。

図書館を特に利用してほしいのは若いお母さんやその子どもたち、中高生。「子どもが本を読まない社会には未来がない」と言われます。二〇〇一年暮れには「子どもの読書活動の推進に関する法律」が国会でも成立しています。自分の頭で考え、自分の言葉で自分の口を使ってしゃべり、自分から行動する人間になってほしいのです。そして、リタイヤされた方々。

しかし、図書館が身近にない現状は相変わらずです。

「ポストの数ほど図書館を！」「サンダル履きエプロンがけ姿で図書館へ」「図書館のある暮らしを！」「図書館は地域文化のバロメーター」「図書館は人づくり、まちづくり」などなど、八〇年代半ばからいろんな言葉で図書館設置を望む声が全国に満ち満ちていました。全国各地、どこの自治体でも住民アンケートを実施すると、必ずといっていいほど図書館設置を望む声が上位にあがり、図書館建設が相次ぎました。九〇年代後半になるとバブルがはじけ、社会・経済事情の悪化に伴い図書館界は厳しい状況にあります。管理、運営までもが民間へ、という流れも散見します。

一方で生涯学習社会、高齢化、学校週休二日制という社会の変革期にあって、図書館への期待はますます大きく、強くなっています。同時に利用者側の要望も多くなり自治体でも対応に追われています。開館時間の延長、祝日開館、広域貸し出し、さらにＩＴ化も進んでいます。広域貸し出しについていえば、県内では二〇〇一年四月一日から福岡都市圏八市一三町一村で広域利用が始まっており、お隣の久留米広域市町村圏でも実施されています。北九州市を中心とする北東部地方拠点都市地域五市一五町二村でも四月から実施、八女、筑後広域市町村圏も実施されており利用者側にとってはありがたいのですが、問題点はないのでしょうか。

自治体では財政難に伴い資料費削減、職員数の見直し、正規職員の嘱託職員化など立て続けです。図書館サービスの低下につながらないでしょうか、不安に思います。納税者が受益できる行政のサービス最前線としての図書館、住民にも行政側にも図書館に対する確固たる信念がないために、すぐに揺らぐ現状を私は憂えています。

『日本の図書館―統計と名簿―2003』(日本図書館協会)などによると、全国に二八〇三館の公共図書館があります。約一億三千万の人口で単純に計算すると、四万六千人に一館の勘定になります。アメリカでは一万六千人に一館、イタリアでは二万六千人に一館、ノルウェーでは三九〇〇人に一館ということが分かります。ノルウェーは日本の約一二倍です。ため息が出ます。

確かに福岡県内を見て見ますと筑後市を除けば全ての市に設置されていることになります。二〇〇四年の福岡県公共図書館等協議会発行の「年報」によると八五自治体中、五四の自治体に図書館が設置されており、設置率は六三・五%で二〇〇四年の全国数値に当てはめると設置率は四七都道府県では一三位です。

ただもう少し詳しく統計を見て見ると、人口一〇〇人当たり蔵書冊数は全国で四一位、専任職員数を見ると全国平均では人口約九千人に一人の配置に対し、福岡県は一万五千人に一人の割合。職員の大変さが数字からも分かります。資料費を見るとなお、厳しい現実が見えます。一人当たりの資料費は全国平均で約二九円なのに、福岡県では半額にも及ばない約一三円です。鳥取県では約一六九円で実に一三倍です（二〇〇四年四月一日現在）。

さらに筑紫野市のように一〇〇％税金で建てられたはずの図書館が、ある日突然、業務委託によって民間会社の運営になっていた例があります。また、これは福岡県に顕著に見られることですが、民間の人材派遣会社から司書専門職員を充当している自治体が多いのです。図書館として当然守られるはずの守秘義務は大丈夫か、資料費などに充当されるはずの経費が他の部門に流用されることはないのか、民間会社となれば市は監査できないのではないか、働く人たちが幾種類もの形態で果たして図書館として一体感が保たれるのか、事業の推進ができるのかなど、不安材料はたくさんあります。気にかかるのはそこの市民だけではないでしょう。図書館に関心を寄せる多くの人が心配をしています。

「図書館は金を生まない」、よく聞く言葉です。あなたが八百屋に行ったとしましょう。きゅうりやなす、トマトといった商品が新鮮で、店の人が「いらっしゃい」と威勢のいい声をかけてくれ質問すればすぐに答えてくれる、こんな店だったら、あなたはまた行きたくなるでしょう。反対に、いつ行っても霧吹きで水をかけたようなトマトやきゅうり、店の人はいらっしゃいの声もない。何を聞いても「さぁ……」というような店には誰も入らないでしょう。このことと図書館を考えてみて下さい。同じことなのです。常に新しい資料、いらっしゃいませの声、分からないことがあればとことん調べてくれる専門司書がいれば図書館への信頼は増し、また利用しようと思うはずです。そのためにも一定の費用はかかるのです。

「今からの社会は金持ちや物持ちではなく、時持ち、友持ち、心持ち」と言われたのは初代伊万里市民図書館長の森田一雄氏です。もういいかげん人間中心の社会にしていきたいものです。金は生み出さないかもしれませんが、図書館は人を育ててくれます。現在も大事ですが将来を見据えた図書館行政を願いたいと思います。

おーい図書館、一緒に歩こうよ。図書館も育ってほしい、私たちも育ちたい。

第一章　もっと身近に図書館がほしい！

「身近に図書館がほしい福岡市民の会」発足前後のこと

一九九五年（平成七年）一〇月六日、私たちの会「身近に図書館がほしい福岡市民の会」が発足しました。発足に至った経緯を述べてみます。

博多区のベイサイドプレイス（築港本町）にあった福岡市民図書館の老朽化に伴い、翌年一九九六年六月、早良区百道《ももち》浜に新しく福岡市総合図書館が開館することになっていました。この新図書館オープンを前に、地元新聞や全国紙の投書欄に「市民の図書館を増やしてほしい」とか「移動図書館車を走らせてほしい」という声が載り、新図書館への思いや要望などが寄せられました。しかし、図書館側からの返答は全くありませんでした。また新図書館についての広報もほとんどなく、どんな図書館が生まれようとしているのか、市民には全く情報が伝わってきませんでした。

一九九五年の二月、福岡市教育委員会の新図書館準備室に「どんな図書館ができるのですか」、「どこまで計画は進んでいるのですか」と博多図書館の「どようおはなし会」で一緒に活動していた力丸さんと二人で尋ねに行きました。丁寧に応対してくれましたが、答えてもらえないことが多く、特に職員の問題には、はっきりした回答はもらえませんでした。「あんたたちが心配しなくても、立派な図書館をつくるからよけいなこと言わないで」という意図が言外に込められていました。

その五ヵ月後の七月、同じ思いの人に声をかけ五人で出かけました。二人から五人に増えたので担当者が驚いたようでした。このときは、一人一人が図書館への思いを述べてきました。そして、黙っていたら市民の要望は行政側には伝わらないということ、個人が新聞に投書するのでも充分ではないことが分かり、思いを同じくする人たちで会を作って勉強し、行政に働きかけていかなければと思い、会を発足させました。

さらに「博多ごりょんさん・女性の会」の方たちが、博多区にある市民図書館が早良区に移転すると遠くなるので、博多部《はかたぶ》に分館をつくってほしいと運動していることを知り、図書館については一緒にやっていくことにしました。

また、その市民図書館のある奈良屋校区まちづくり協議会の方たちも、自分たちの住む地域から図書館がなくなるのは残念でならない、図書館がほしいという思いは同じだからと団体で入会してくれました。そこは後に、図書館に代わる図書施設を自分たちで作ろうと、公民館で地域文庫活動を始め、やがて博多小学校図書館の地域開放活動へと発展させていったグループです。

会の発足前に、有志で、すぐれた図書館と評判の佐賀県伊万里市民図書館を見学しました。また、近隣の太宰府市、筑紫野市、春日市の図書館を見て回りました。しかし、いずれも小都市の図書館です。人口一〇〇万人前後の大都市の図書館は小都市の場合とは違うあり方やシステムになるので

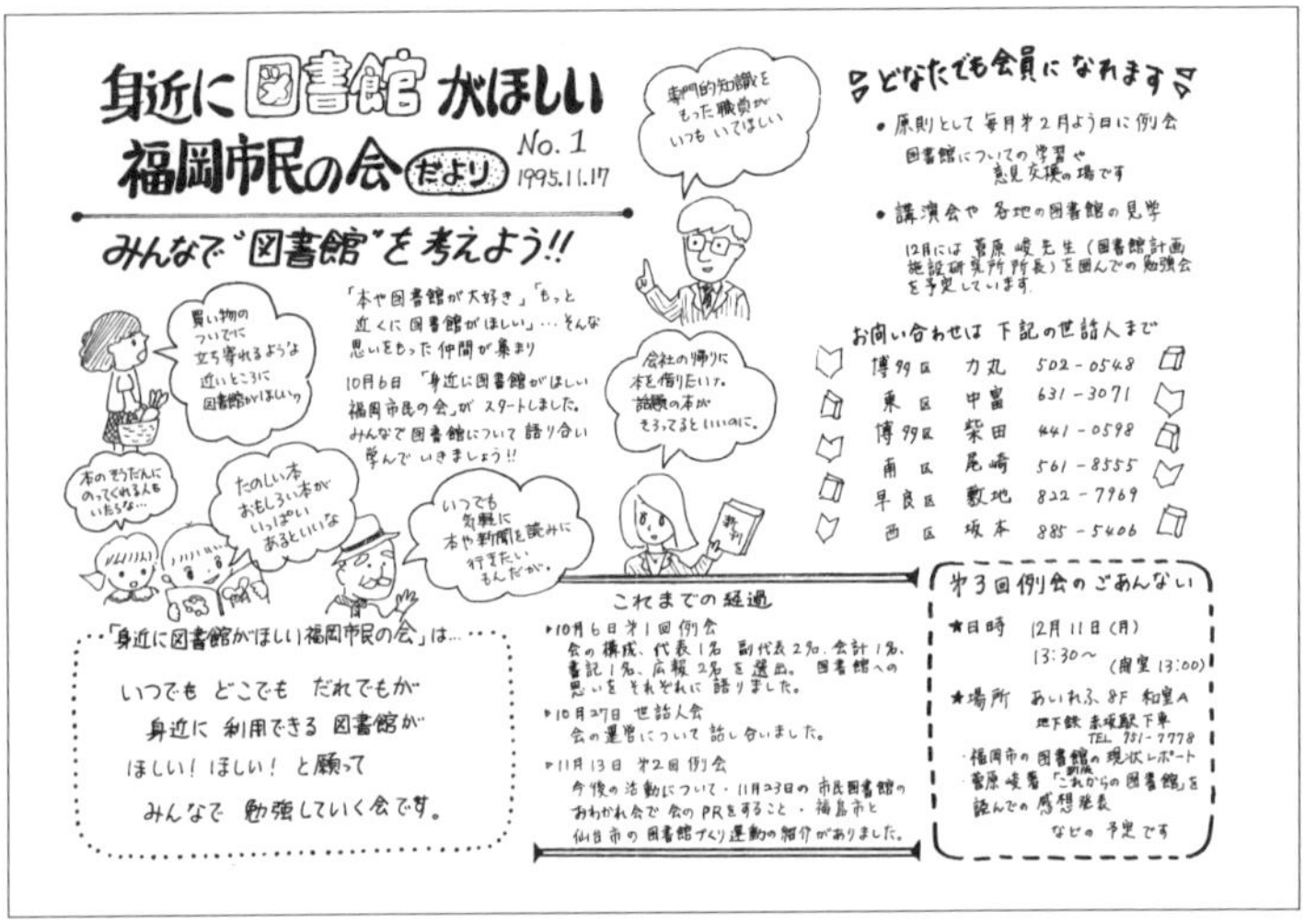
身近に図書館がほしい
福岡市民の会だより
No. 1
1995.11.17

みんなで"図書館"を考えよう!!

「本や図書館が大好き」「もっと近くに図書館がほしい」…そんな思いをもった仲間が集まり
10月6日「身近に図書館がほしい福岡市民の会」がスタートしました。
みんなで図書館について語り合い学んでいきましょう!!

「身近に図書館がほしい福岡市民の会」は…

いつでも どこでも だれでもが
身近に 利用できる 図書館が
ほしい! ほしい! と願って
みんなで 勉強していく会です。

どなたでも会員になれます

- 原則として毎月第2月よう日に例会
  図書館についての学習や意見交換の場です
- 講演会や各地の図書館の見学
  12月には菅原峻先生(図書館計画施設研究所所長)を囲んでの勉強会を予定しています。

お問い合わせは下記の世話人まで

博多区	力丸	502-0548
東区	中富	631-3071
博多区	柴田	441-0598
南区	尾崎	561-8555
早良区	敷地	822-7969
西区	坂本	885-5406

これまでの経過

- 10月6日 第1回例会
  会の構成、代表1名 副代表2名、会計1名、書記1名、広報2名を選出。図書館への思いをそれぞれに語りました。
- 10月27日 世話人会
  会の運営について話し合いました。
- 11月13日 第2回例会
  今後の活動について・11月23日の市民図書館のおわかれ会で会のPRをすること・福島市と仙台市の図書館づくり運動の紹介がありました。

第3回例会のごあんない

★日時 12月11日(月)
13:30〜 (開室 13:00)
★場所 あいれふ 8F 和室A
地下鉄赤坂駅下車
TEL 751-7778
・福岡市の図書館の現状レポート
・菅原峻著「これからの図書館」を読んでの感想発表
などの予定です

記念すべき「身近に図書館がほしい福岡市民の会」会報創刊号

はないかという懸念が残りました。

会が発足し、どのように方向を定めて活動していったらいいのかと考えていたとき、ちょうど福岡に来られた菅原峻《たかし》氏に相談にのってもらいました。菅原氏は図書館計画施設研究所所長で全国の図書館づくり運動の指南役、相談役でもあります。

まず、私たちが勉強をしていこうということで、九五年の一二月に「図書館は市民がつくる」のテーマで菅原峻氏の講演会を開くことになりました。それから、大都市の図書館はどうあったらよいのかを知っておきたいという思いから、政令指定都市で図書館づくり運動をしているグループを菅原氏に紹介してもらいました。氏が北海道札幌市と宮城県仙台市をあげたので、私は実家のある仙台市に一一月に行くことにしました。

仙台市では「仙台にもっと図書館をつくる

会」の活動を一三年間やってこられた扇元久栄《おうぎもとひさえ》さんに話を聞くことができ、仙台市の図書館の状況も教えてもらいました。人口九七万人の仙台市は五つの区があり、各区に一館の地区館を目標に建設が進められていて、現在、あと一区を残すだけで四区にそれぞれ地区館ができています。この地区館が図書館システムの中核になっていて、それぞれの地区館が移動図書館車を走らせています。つまり仙台市内では四台の移動図書館車が走っています。地区館がまだ建っていない一区は隣の区の移動図書館車が走っていることになります。そして、区によっては地区館の分館や分室があるのです。

福岡市の場合は、国内有数の規模（収蔵能力一五〇万冊）を誇るとはいえ、人口約一三〇万人に対して、総合図書館が一館で、七区に市民センター図書室が一館ずつです。移動図書館車（青い鳥号）は一台ありますが、地域文庫などの読書団体に図書を貸し出し、配本する専用車で、個人貸し出しを行う移動図書館は走っていません。各区の図書館が中核になり各区で一台ずつ移動図書館車を走らせ、区単位で図書館網を整備している仙台市のシステムを知り、福岡市の図書館行政は大丈夫なのかと危機感を抱きました。

一一月二三日、奈良屋校区まちづくり協議会（後に奈良屋まちづくり協議会と名称変更）の主催で、閉館となる市民図書館のお別れの集い「さよなら市民図書館」が開かれました。おはなし会、古本市、ぜんざい会などの催しに私たち市民の会も手伝いとして参加し、会報一号を三〇〇部配りました。

市民の会では、月一回定例会を開き、福岡市の図書館行政の現状を話し合ったり、図書館づくり運動先進地の事例を学習しています。他市町図書館視察、会報発行、札幌市や仙台市、福島市、高《たか》槻《つき》市などの図書館づくり運動の会と会報交換しながら今日に至っています。

（「身近に図書館がほしい福岡市民の会」、以下「身」柴田幸子）

〈第一回フォーラム「住民と図書館」パネルディスカッション原稿より〉

＊　＊　＊

会の発足当時のことなどが「欲しい身近な図書館ネット――どう生かす利用市民の声――」という見出しで、西日本新聞（一九九五年一〇月八日）で紹介されました。

福岡市早良区百道浜の「シーサイドももち」に国内有数の規模といわれる市立総合図書館の建物が、威容を現した。だが、来年六月の開館を前に市民からは「豪華すぎる」「まず、身近な図書施設を充実させて」などの声も出ている。地域に根差し、幅広い市民が活用できる図書館とは、どんな姿なのか――。新しい取り組みが注目されている佐賀県伊万里市や長崎県諫早《いさはや》市のケースを参考に考えてみた。（川副修編集委員）

●少ない貸し出し

これまで、福岡市の図書館行政は、進んでいるとは言えなかった。

図書館充実度のバロメーターの一つ、人口一人当たりの蔵書数は〇・七七冊で、全国の一二政令指定都市中、下から二番目。市民一人当たりの貸出冊数は一・四二冊しかなく、九州の県庁所在都市・政令指定都市の市立図書館の中で最も少ない＝別表参照。

それだけに、新図書館は金がかかっている。総事業費は約二一五億円。収蔵能力一五〇万冊の図書部門に加え映像、文書部門がある。アジア資料が目玉だ。

●主婦たちが会結成

だが、図書館が市民に活用されるには、施設が整っているだけでは不十分。

今月六日、福岡市の主婦たちが中心になって、図書館について勉強したり、話し合う会を結成した。

「新図書館はびっくりするほど立派だけど、私たちの図書館じゃないみたい。子どもに良い本をいっぱい読ませたいと思う主婦にとっては、地域図書館をもっと充実させてほしいのに」。呼びかけた主婦の一人、力丸世《せい》一さん（福岡市博多区諸岡）は、こう不満を漏らす。

同会に参加した「博多ごりょんさん・女性の会」の中村由紀子会長も「いまの市民図書館は不十分だった

九州の県庁所在都市・政令指定都市の図書館蔵書と貸し出し状況

	奉仕人口	蔵書数	一人当たり蔵書数	年間貸出数	一人当たり貸出数
福岡市	1,214,000	941,000	0.77	1,724,000	1.42
北九州市	1,015,000	1,243,000	1.22	2,380,000	2.34
熊本市	625,000	578,000	0.92	1,163,000	1.86
大分市	412,000	296,000	0.72	839,000	2.04
宮崎市	291,000	110,000	0.38	——	——
鹿児島市	532,000	482,000	0.91	1,495,000	2.81

1994年4月現在。県立図書館は除く。宮崎市立図書館は1994年5月開館のため貸し出しデータなし。

けど、自転車で行ける距離。新図書館は都心から遠すぎる。市民図書館を分館として残してと要望しているけど、市は廃止する考え」と心配する。

●貸し出し三倍に

諫早市立図書館西諫早分館は、分館機能を強化して地域に溶け込んだ好例だ。広さ約七百平方メートル、蔵書約二万八千冊と規模は決して大きくない。だが、今年三月の改装オープン以来、利用者が急増。改装前に比べ、貸出数が三倍、利用者は四倍にもなった。

成功の理由はまず、振興住宅地の中心地区にあり、ショッピングセンター、市の公民館・出張所に隣接という立地の良さ。市民参加を取り入れた運営も見逃せない。定期的に紙芝居、おはなし会やミニコンサートが開けるコーナーもある。

福岡市教委も、地域とのネットワーク強化は考えている。まず、来年四月から各区にある市民センター図書室を分館に昇格、蔵書なども充実させる考えだ。本館のコンピューターとはオンラインで結び、分館でも本館にある本の検索が可能になる。

だが、気になるのは、新図書館や分館の運営について市民の声を取り入れる姿勢が、ほとんど感じられないことだ。新図書館オープンまであと八ヵ月ある。それまでに伊万里や諫早のような市民参加の図書館ネットワークシステムをつくり上げてほしいと思う。

●市民と二人三脚――要望や意見を反映　伊万里図書館――

「新しい図書館像を示した」と関係者の熱い注目を集めているのは、佐賀県伊万里市に七月オープンした伊万里市民図書館（筒井忞《つとむ》館長）だ。開館後約三ヵ月間で、遠くは千葉や横浜の市役所などから約二千人が視察に訪れた。

市民図書館は三〇万冊が収容可能な書架を中心に、登り窯をイメージしたお話し室、ハイビジョン放映も可能なホール、CDやビデオの貸し出し、パソコンコーナーを備えるなど、幼児から高齢者まで活用できる文化・学習拠点としての機能も充実している。

「施設のユニークさだけでなく、市民と二人三脚の図書館づくりも注目されている」と、応対に忙しい同館の司書は話す。

例えば旧図書館は平成五年、新館利用の中心となる母と子の読書会や福祉グループの会員を集め、設計への意見を聞いた。その際に出た意見で、シンナー絵の具が使える屋外作業場、ミシンを使うための壁際のコンセント、授乳場、親子が並んで用を足せるトイレなどが当初の設計に加えられたという。

いずれもささいな点だが、利用者の声をすくい上げたことで市民と図書館との垣根をなくし、「私たちが主役の施設」という意識を芽生えさせた。

昭和六一年発足の市民団体「図書館づくりを進める会」は目的を達成した今年九月、サポート団体「図書館フレンズ伊万里」に衣替えした。岡田政昭代表は「施設を生かすため、今後も運営に注文も応援もしていきたい」と話している。（西日本新聞一九九五年一〇月八日より転載）

図書館は市民がつくる

一九九五年一二月一九日、野村証券ホール（博多区）を会場に菅原峻氏（図書館計画施設研究所所長）の講演会「図書館は市民がつくる」を開催しました。菅原氏は、まず、「市民図書館」の意味について、次に、求められる図書館とは、そのために市民は何をすべきかなどを語り、市民運動の重要性や根気よく努力を重ねることの大切さなどを話しました。会場には、市民図書館職員や行政マンも含む約三〇名が参加し、活発に質問も出されました。講演会の後、午後は、開館を半年後に控えた新図書館を菅原氏と一緒に見学、担当職員との話し合いもできました。

〈会報2号　一九九六年一月一一日より〉

＊　＊　＊

西日本新聞（一九九五年一二月二七日）に〝「身近な場所に図書館を」広がる市民運動の輪〟という見出しで、私たちの会のことなどが紹介されています。

活発な学習や視察――「市民の会」　分館の設置求める請願も

来年六月、福岡市総合図書館が早良区百道浜にオープンする。これを機に、図書館のあり方を考えよう、という市民の動きが出てきた。主婦を中心にした学習グループが発足、定期的に勉強会や各地の図書館の視察を重ねる一方、東区西戸崎《さいとざき》・大岳《おおたけ》地区の住民は図書館分館の設置を求める請願を市議会に提出した。「市民本位の図書館サービス」実現を目指す運動の輪が、少しずつだが、着実に広がり始めたようだ。その動きを報告する。（吉村真一記者）

●低い福岡市の利用度

一〇月に発足した「身近に図書館がほしい福岡市民の会」（四三人）。代表世話人の力丸世一さん（四八）らが目指すのは、例えば主婦がエプロン姿のままで、お年寄りも歩いて通えるような、身近に利用できる図書館網だ。

同市の人口一人当たりの蔵書数は〇・七七冊で全国の一一政令市中、下から二番目、一人当たりの貸し出し冊数は一・四二冊で最下位——。

総合図書館の開設で「中央館」そのものは格段に充実するものの、メンバーには「日常生活に根差し、幅広い市民が活用できる図書館システムの整備はこれから」（力丸さん）との思いが強い。

会はこれまでに、毎月一回例会を開き、同市の図書館行政の現状や図書館運動先進地の事例を学習。また、利用者と図書館が協議しながら運営したり、ユニークな施設が注目されている佐賀県伊万里市民図書館などを視察した。

●区単位のサービス

「区単位のきめ細かい図書館サービスは福岡市にも参考になる」。実家のある仙台市の図書館行政を視察、報告した副代表の柴田幸子さん（四六）は語る。

福岡市と同じ政令市の仙台市では、中央館の役割をもつ市民図書館など、各区の中核となる地区館を五区のうち四区に設け、さらに二つの地区館分館を設置。各地区館が、個人貸し出しを行う移動図書館を走らせている。どちらかというと、各区を中心にした図書館サービス網を敷いているという。

「ある地区館では、開館時間と同時に親子連れがどっと詰め掛け、職員は貸し出しや返却作業にてんてこ舞い。図書館のあり方をあらためて考えさせられましたよ」と柴田さん。

同市には一三年前「仙台にもっと図書館をつくる会」が発足。図書館づくりや運営に市民の声を反映させてきた。いわば「市民の会」の先輩格。「図書館運動はおねだりではいけない。行政を納得させるだけの提案が必要。息の長い運動ですよ」。「つくる会」のメンバーの言葉が、柴田さんの印象に残っている。

●システムづくりを

一方、韮沢進さん（四〇）ら西戸崎・大岳地区の住民約六〇〇人が連名で今月一八日、分館設置を要望する請願を提出した。

同地区では主婦のボランティアらが市民図書館（博多区築港本町）から児童書をまとめて借りて毎月三回、公民館で子どもたちに読み聞かせをしている。同図書館が位置する博多ふ頭へは市営渡船で二〇分ほどで通えたが、一一月いっぱいで閉館。新設の総合図書館へは交通が不便なため、今秋から分館設置を目指す署名活動に取り組んできた。

韮沢さんは「私たちの地域は東区の端にあり、交通の便がよくない。図書館サービスとは、だれでもが身近に利用できるシステムづくりだ」と改善を訴える。

●思いを共有へ

国内有数の規模といわれる総合図書館のオープンに伴い、福岡市は市内七区の各市民センター図書室を分館に昇格させる。本館のコンピューターとオンラインで結び、各分館で蔵書を検索できるようにし、図書館ネットワークの充実を図る考えだ。

これに対し「市民の会」の力丸さんは「配置される職員は増えるのか。図書を貸し出す配本車がどのぐらいの頻度で巡回するのか。具体策が見えない。〝看板のかけ替え〟にならないようにしてもらいたい」と注文する。

「豪華な総合図書館のオープンをきっかけに、行政にどこまで意識改革を迫っていけるか。図書館で働く人たちを含め、図書館の大切さを共有していく作業を進めていきたい」と力丸さん。

身近な図書館ネットワーク実現へ、一〇年、二〇年先をにらんでの運動は始まったばかりだ。

「市民が主役」の図書館サービス像について菅原峻氏の談話も併せて載せています。

「半世紀先のビジョンを」　菅原峻・図書館計画施設研究所長

●理想は二万人に一つの地域館

伊万里市民図書館など全国約一〇〇ヵ所の図書館づくりにかかわってきた図書館計画施設研究所長の菅原峻さんが、このほど「身近に図書館がほしい福岡市民の会」の勉強会に招かれ講演した。「市民が主役」の図書館サービス像について菅原さんに聞いた――。

まず大事なのは二〇年先、半世紀先をにらんだ自治体独自の図書館サービスのビジョンだ。「図書館をつくる」とは言わずに「図書館を始める」と言い換えたらどうだろうか。建物を造りさえすればいい、という意識から、全体の図書館システムやサービスに目が向くようになるだろう。

図書館は本来、教育施設というよりは、地域に根差した生活施設だ。地域住民の要望を満たす「地域館」を整備した上で、核となる本館を建設するのが理想だろう。「地域館」は二万人に一つの割合で設置できれば、住民も満足できるのではないか。各図書館を一つのネットワークに組み込み、職員体制や運営を独立させる必要がある。

もちろん、図書館職員の役割は重要だ。国内では年間六万点近くの本が出版されている。それらの本を蔵書に加えるか判断し、データベースに組み込む一方、市民が必要としている本を選んで提供していく、いわば「本の海にこぎ出した水先案内人」だからだ。当然、それにふさわしい情熱と専門性が必要になる。そのためには、一館で半数の職員は司書職として採用する必要があると思う。

将来、地域館が増え、図書館職員が数百人規模になれば、人事の硬直化という問題もなくなるはずだ。

図書館運動で大事なのは、行政と向き合って言うべきことは言いながらも、支え合っていく姿勢。それが図書館サービスを発展させることにつながる。(西日本新聞一九九五年一二月二七日より転載)

苅田町立図書館を見学

一九九六年二月一五日、福岡県苅田町立図書館を見学しました。苅田町は人口三万五千人。苅田町立図書館は一九九〇年五月に開館。広さは約二千平方メートル。九四年度の利用登録率は七一・五％、一人当たりの年間貸出冊数は一六・六冊と住民に親しまれています（ちなみに一人当たりの年間貸出冊数、全国平均は九三年度で二・八七冊です）。以下は三人の方の見学報告です。

●毎日でも行きたい！

「こんな図書館がほしかった」というような、自分の書斎感覚で毎日でも行きたくなるような図書館でした。我がまちにも小さくていいから、このような図書館をつくってほしいという夢をいだきながら、帰ってきました。何といっても館長さんの図書館に対する考え方で、できた後の「育てる」部分で大きく差がでてくると思いました。福岡市の図書館もぜひ市民と共に育つ図書館であってほ

くつろいで読書ができる苅田町立図書館の開架スペース

しいです。また、館内における部屋（会議室）等の使用を無料化、本の貸出冊数の緩和、ＡＶの貸し出しをお願いしたいと思います。

（奈良屋まちづくり協議会　北風香代子）

●落ち着いた雰囲気

まず増田館長さんのフランクな態度に驚きました。館内の案内説明、私たちの現状に対するアドバイスなど、時が過ぎるのも忘れて二時間たっぷりとって下さいました。伊万里図書館の原型が当然ながらそこにありました。こぢんまりとして落ち着きがあり、細分化されない良さを感じました。町民との信頼関係をしっかり持っている図書館だと羨望しています。

（奈良屋まちづくり協議会　落石みどり）

●生活音のする図書館

読みたいなと思う本が目に飛びこんでくる。

選書の良さはもちろんだが、本棚の奥行が少し浅く作られており、本が取り出しやすいと同時に、本は飾りものではないと言っているようである。コンクリートの壁に木の床、流線型の窓に、斜面の屋根。天井から三枚羽の扇風機がゆるやかに回る。妙に機能が調和している。

ＪＲの通る音がする、子どもの声、靴音。「この図書館では生活音は受け入れているんです」と増田館長さんが話してくれた。この気安さからか館内には人が多い。何よりも、人口約三万五千人の苅田町に、本館を中心に三分館、それに一六ヵ所に移動図書館を走らせ、「…町民の生涯にわたっての自己学習を保障し…」という図書館条例が実行されていることに感動させられた。

（「身」梅田順子）〈会報3号　一九九六年三月一〇日より〉

伊万里市民図書館を見学

一月末に佐賀県伊万里市民図書館に見学に行きました。ここは菅原峻先生もかかわられ、計画から設計まで住民と行政と建築家の協働作業により、一九九五年七月にできたばかりの図書館です。木のぬくもりが生かされ、明るく優しい感じで、一日中過ごしたくなります。

ここはただ本を借りる、読むという所ではなく、自分が参加できる場が至る所にあります。ちょっとした空間に、チェスや将棋ができるようになっていたり、創作室、映画会や人形劇のできるホールは椅子をしまえばダンスパーティもできそうです。引戸を全部開ければ中庭と一体となって、しゃれた音楽会もできます。市民ギャラリーもあって、絵や手仕事の発表の場もあります。グループ学習する場もあり、話しながら学べます。他にも一番奥の静かな所に郷土のコーナー、自動演奏ピアノのあるラウンジ風の子どもコーナーなど、全部が区切られず連続しています。そしてCD、ビデオはその場で見たり聴いたりできるだけでなく、借り出せますし、絵（もちろん複製）までも貸してくれます。こんな図書館が身近にあれば、消費生活だけでなく楽しく暮らしていけそうです。

この図書館が、三人のお母さんのおはなし会から始まり一〇年後に生まれたということに、私たちも発奮する思いです。皆さん、身の回りの一歩から始め、物事を急がず、一〇年単位で考えていきましょうか。（奈良屋まちづくり協議会　中島芳子）〈会報3号　一九九六年三月一〇日より〉

私たちの見た総合図書館　四月八日、見学会に参加

六月末の開館に向け、準備の進む福岡市総合図書館（早良区百道浜三丁目）を、市職員の案内で見学しました。会としては、昨年一二月に続いて二度目の見学でしたが、今回は、本棚に実際に本が並び、机、椅子、ソファなどが置かれた様子を見ることができました。また、初代館長に元九州大学学長の高橋良平氏が就任することになりました。以下は二人の方の見学記です。

●市民には遠い存在

市発行のパンフレットには、この図書館の特色として「市民のニーズに的確に答える生涯学習社会の中枢的役割を果たしていく図書資料、映像資料、文書資料の三部門からなる総合図書館。アジアの拠点都市をめざす福岡市にふさわしい規模と、建物としての魅力、機能を十分発揮できる構造を備えた、利用しやすい施設」と書いてあります。

建物は、確かに圧倒されそうなほど立派。椅子やソファ、児童図書コーナーの寝ころびスペース、畳スペース、学習室やワープロルームなど工夫は見られます。映像部門として五〇席のミニシアター、ＣＤやカセットの聴ける音声ブース一五席、ビデオ鑑賞のできる映像ブースが六七席あり、これらは無料です。しかし、二四六人収容の映像ホールは、観覧料大人五〇〇円、子どもでも三〇〇円、高齢者二五〇円となっています。総合図書館は図書館法に依拠する部門だけでなく、博物館法や公文書館法に依拠する部門も兼ね備えているため、すべて無料とはいかないとのことでした。

施設は立派ですが、市民にとっては遠い存在の図書館だと思います。東区のわが家からも、往復八〇〇円の交通費がかかります。市民センターの分館でさえ、バスと電車と徒歩で三〇分の時間と往復六〇〇円の交通費がかかるのです。市民はもっと身近なところに図書館がほしいと願っているのに、二一四億円かけた一点豪華主義の図書行政、これで本当に図書館が生涯学習の拠点になると、市は考えているのでしょうか。（外井京子）

●疑問感じる図書館人事

総合図書館についての感慨はいろいろあるが、しかし、建物ができあがった以上は、市民一人一人の財産である。しっかり使いたい。使っていく間に、私たち市民も図書館も育っていくと思う。

正直なところ図書館人事には怒りを覚えた。初代館長は大変な実力者ではあるが兼職であり、しかも非常勤である。一二八万市民の図書行政を担うトップであり、今から〝夜明け〟が始まるのに。せめて常勤で職員の先頭に立ち、図書館後進市という汚名を返上していただきたいのだ。管理職部門の異動も「なぜ、開館を目前にして」と、言葉を失った。図書館をよく知る人たちからも、今回の異動については多くの疑問が寄せられた。

しかし、立ち止まっているわけにはいかない。新任者には、一日も早く図書館そのものを理解していただきたいし、転任者には、新しい場で図書館の理解者を一人でも多く広げていただけたらと願っている。世の中の流れと共に図書館は大きく変わった。他部門と異なり、納税者が受益できる第一線のサービス部門であるという認識を、改めて感じていただきたい。（「身」力丸世一）

〈会報4号　一九九六年五月九日より〉

福岡市総合図書館考　オープンに際してお便りをいただきました

総合図書館がオープンしました。六月二九日の開館初日は来館者九千人。迷子まで出るほどの盛況ぶりでした。私たちの会「身近に図書館がほしい福岡市民の会」では開館のお祝いに、折り紙で作った〝ひまわりバッチ〟（仙台の会の扇元さんに教わったもの）七五〇個を来館した子どもたちに付けてあげました。会員で、四月に岡山へ引っ越した敷地《しきち》さんが送ってくれた一二〇個も入っています。大人にもほしいと言われるなど好評でした。

写真家の漆原《うるしばら》宏氏から総合図書館のことや「市民の会」についてのお手紙をいただきました。漆原氏は二〇年間に五〇〇以上の図書館を撮り歩き、これからの図書館のあり方について講演したり雑誌に寄稿したりして活動しておられる方です。

一千席からある閲覧席は、学生に開放する席と一般者席を区別する意味で、学生席すべてに辞書（国語、漢和、英語、和英の四冊を一セットとして）を配置してあげたらいかがでしょうか。参考までに、伊万里市民図書館はそうしています。

総合図書館は生活圏からはなれているので交通の不便さを考えれば、コンピュータ検索とネットワーク配本車をセットで考える姿勢が図書館サイドにないと、自慢できるはずの「一五〇万冊」がかえって裏目にでます。図書館資料は本来飾りものではなく生かされて意義があるからです。

韓国映画の特別上映はいいとして、大事なのは取り組む姿勢です。

図書館づくり運動体の「身近に図書館がほしい福岡市民の会」を人体に例えると、会単体では「脳細胞」の状態です。図書館づくりの運動体が人体になるには、生活者としての市民が「暮らし」に欠かせない社会を構成する一つ一つの歯車であるならば、役割の違う歯車たちの、いろいろなサークルづくりを平行してつくる活動が欠かせません。そして本来、図書館は何人《なにびと》も必要とするわけですから、歯車たちのサークルとネットワークするなかで「今、福岡市民に必要な図書館」像がより鮮明に（具体的に）描かれていくのです。

「身近に図書館がほしい福岡市民の会」は、図書館づくり運動の網の結び目の一つとして、またその要の一つとして重要な役割を担います。ネットワークづくりが充実すれば福岡市民の望む（ふさわしい、ほんものの）図書館がつくられるのです。会の運営と発展は、常に柔軟に臨機応変に。（漆原宏）

〈会報6号　一九九六年七月二三日より〉

ガレージセールについて

四月に岡山市に引っ越した敷地さんからお便りが届きました。自転車で六分ほどの所に市立図書館の分館、さらに一五分ほどの所に本館があるそうです。「先日、おはぎを作ろうと思って、図書館から和菓子の本を借りてきました。誰もがこんなふうに生活の中に図書館を取り入れて暮らすことができなくちゃいけませんよね。今、たまたま近くにあるから使えるけれど」と書かれていました。

一一月三日、博多区山王公園での「まつり博多」（博多区民まつり）でガレージセールをする予定です。奈良屋まちづくり協議会の方たちに加えてもらいます。家庭に眠っている品物（家庭用品、衣類、本）の提供と、当日、販売の手伝いに。ご協力下さい。買い物に来るという形の参加も歓迎します（毎年、参加させていただき会の活動費作りに役立ちました。奈良屋まちづくり協議会の方々、あ

福岡市総合図書館開館時には、お祝いも兼ね、
来館した子どもたちに「ひまわりバッチ」をプレゼント

りがとうございます)。

〈会報7号　一九九六年一〇月八日より〉

図書館をはじめる

第一回フォーラム「住民と図書館」

「図書館をつくる」と言えば、どうしても建物のことが中心になります。資料と職員を整え、まちの人々の利用にこたえることは「図書館をはじめる」ことなのです。そのための器が建物です。魚屋を開業する人は「魚屋をはじめる」と言います。魚を売る店を作るのは工務店の仕事。この違いをはっきりさせましょう。菅原峻氏の出しておられる機関紙「としょかん」にそうありました。菅原氏は図書館計画施設研究所所長で、行政当局への請願だけになりがちな「図書館つくらせ運動」

から住民の主体性を確立した「つくる運動」への脱皮を呼びかけておられます。全国の図書館づくりの相談役でもあります。

　氏は以前から全国の図書館および図書館づくりにかかわる人たちを出会わせたいと言われていました。そこで、氏が今年古希を迎えられることのお祝いをかねて、全国各地で菅原氏を囲んでの出会いの場を持とうということになりました。九州では七月に武雄《たけお》市で、

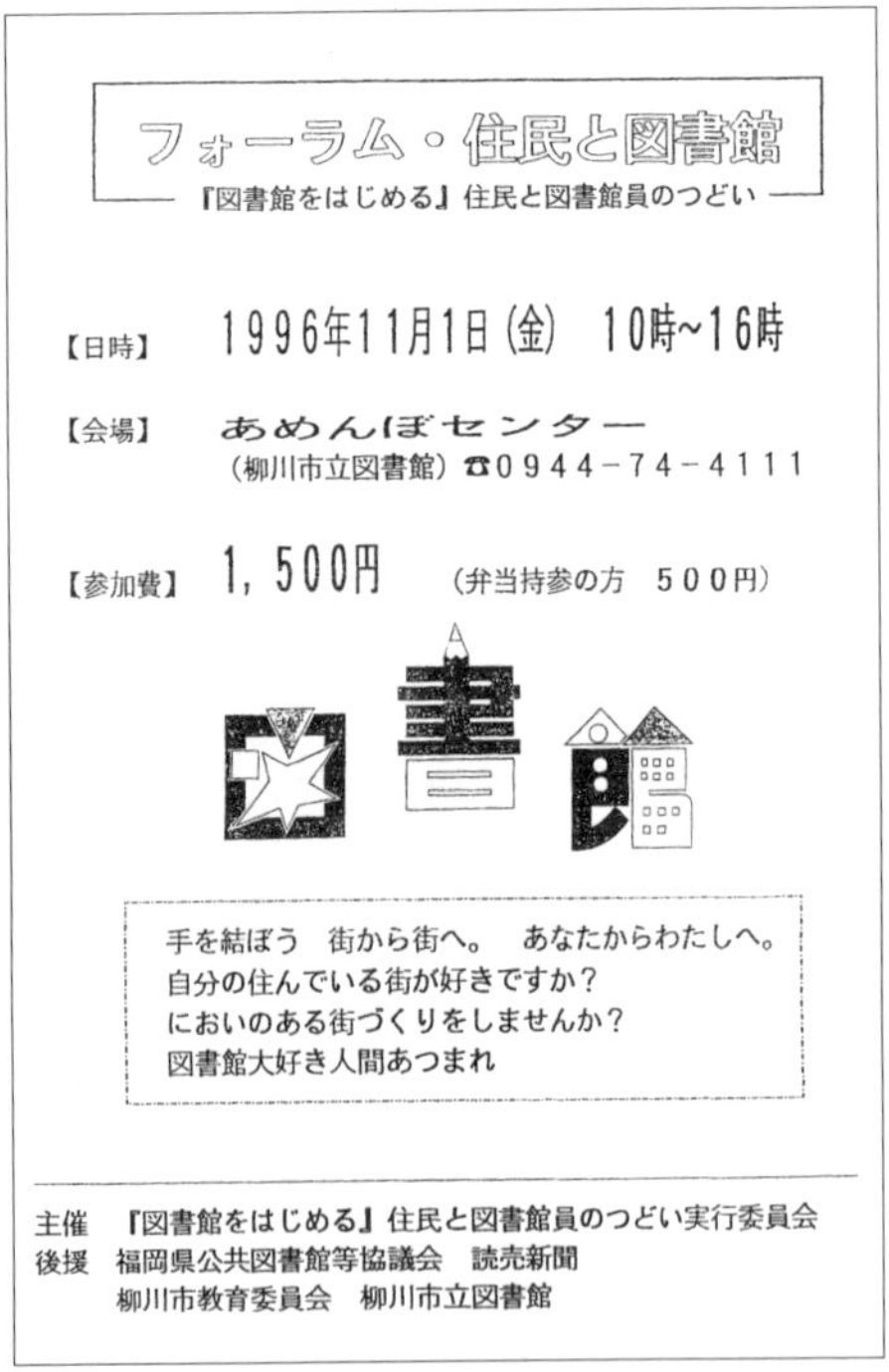

『図書館をはじめる』住民と図書館員のつどい
【日時】 1996年11月1日(金) 10時~16時
【会場】 あめんぼセンター
(柳川市立図書館) ☎0944-74-4111
【参加費】 1,500円 (弁当持参の方 500円)

手を結ぼう 街から街へ。 あなたからわたしへ。
自分の住んでいる街が好きですか?
においのある街づくりをしませんか?
図書館大好き人間あつまれ
主催 『図書館をはじめる』住民と図書館員のつどい実行委員会
後援 福岡県公共図書館等協議会 読売新聞
柳川市教育委員会 柳川市立図書館

第1回フォーラム「住民と図書館」の案内チラシ

第1回フォーラム「住民と図書館」パネルディスカッションの様子

一一月一日には私たちの会も参加して柳川市で開かれました。こういう会合を開くのは初めてでしたので、県内で図書館づくり運動をしているところと声をかけあい、その団体の代表に呼びかけ人になってもらいました。北九州市、志免《しめ》町、前原《まえばる》市、柳川市、三橋町、瀬高町、古賀町、筑紫野市、久留米市、福岡市の各団体代表一〇名が名を連ねました。その中の「柳川の図書館を育てる会」が中心になり、柳川市立図書館で第一回フォーラム「住民と図書館」が「図書館をはじめる」をテーマに開かれました。参加者は当初三〇人くらいでと言っていましたが、申し込みが次々と舞い込み、最終的には一二〇部の資料を用意したものの、当日かけこみ三〇数名を含め約一四〇名。福岡県内はもとより沖縄、長崎、佐賀、大分、山口の各県から参加。住民六、図書館員三、行政一の割合でした。

午前中のパネルディスカッションでは、パネラーが菅原峻氏（図書館計画施設研究所所長）、千葉治氏（佐賀市立図書館長）、漆原宏氏（全国五〇〇ヵ所の図書館をめぐる写真家）、椎葉和子さん（志免町としょかん友の会）、柴田幸子さん（身近に図書館がほしい福岡市民の会）、成清幸子さん（柳川の図書館を育てる会）、コーディネーターが中島芳子さん（福岡市奈良屋まちづくり協議会）で、各々の立場からの発言がありました。

午後の分科会は「これからの図書館」「住民のかかわり方」「図書館現場の立場から」と三つに分かれ、熱心な討論が交わされました。それぞれの分科会に菅原峻氏、漆原宏氏、千葉治氏が助言者として入って下さいました。

アンケートに書かれた感想を二、三紹介します。

・図書館づくり運動が図書館という建物造りだけでなく、広く地方行政のあり方を変えていく可能性を持つものとしてあるようだ。これだけ盛り上がるとは、まだまだあきらめず運動をしなければと思った。

・「住民が育てる図書館」ということに共感。住民と図書館の関係が大切だと思った。図書館員より住民の参加が多いのにびっくり。住民のパワーに圧倒された。

・「住民と共に成長していく図書館」という言葉が印象に残った。図書館をつくっていくのは私たちですね。

アンケートではこの機会にネットワークをつくることの賛否を問いました。多くの人が賛同、さらに、定期的にフォーラムを開催することを希望する声があがりました。(「身」力丸世一)

〈どかんしょ10号　一九九七年一月より〉

出会いを力に　フォーラム「住民と図書館」に参加して

私がこのフォーラムで一番楽しみにしていたのは、漆原さんの話が聞けるということでした。パネラーとして参加した写真家の漆原宏さんは、全国各地の図書館を五〇〇館以上も撮り続けている方。以前私たちの会報を見て、「かたすぎる」とアドバイスして下さったことがあるのです。昨年四月から思いがけなく会報作りの責任者になった私は、漆原さんとはどんな人物なのだろうと、とても興味がありました。漆原さんは、パネルディスカッションでも、分科会でも、地域の文化活動の中心としての図書館、人と人との出会いの場としての図書館の重要性を強調していました。その中でも印象に残ったのは、「図書館は文学資料館ではなく、生活すべての資料館である」という言葉です。「街のいろいろな人の要望に答えられる図書館であること。それは図書館づくり運動にも同じことが言える」というお話に、図書館づくり運動といっても、何をどうすれば良いのか、何をどうしたいのかさえも分からないまま、会報を作っていた自分を、ゆとりがなかったなあと振り返ることができました。図書館づくり運動は、いろいろな人が集い、出会うことが大切なのだと感じました。

それから、図書館職員の参加が多かったことに驚きました。一四〇名の参加者のうち約三割が図書館職員でした。今までは、カウンターの向こうの遠い存在と思っていたのですが、住民と図書館員、立場は違っても図書館を育てたいという気持ちは同じ、もっと図書館の中の人たちと交流が持てれば、お互い得るものが多いと思いました。各地からの参加者の話、自分たちと共通の悩みや、参考になる活動のことなどを聞くことができ、人と人との出会いが力になることを実感した充実したフォーラムでした。（「身」坂本由美）

〈どかんしょ10号　一九九七年一月より〉

フォーラム、次回は福岡で

一九九六年一一月二二日、博多区奈良屋公民館でフォーラムの反省会を開き、呼びかけ人、実行委員が集まりました。このフォーラムで生まれたネットワークを、どう生かしていくかを話し合いました。次回のフォーラムまで、「柳川の図書館を育てる会」の皆さんが事務局になって下さることと、フォーラムとは別に年一回の交流会をもつことが決まりました。また、来年度のフォーラムは福岡市で開催してほしいという要望が多く、二六日に福岡市総合図書館に協力をお願いしたところ、承諾の返事をいただき、福岡市での開催が決まりました。私たちの会が中心になります。

〈会報9号　一九九六年一二月二四日より〉

総合図書館と懇談

一九九六年一一月二六日、総合図書館の管理部長、図書利用課長と懇談しました。会からは七名出席。利用者として図書館へ要望や質問をし、意見交換をすることができました。

（＊質問・要望　――回答）

＊移動図書館を走らせてほしい

――校区が一五〇から一六〇あり、市内の交通事情などを考えると総合図書館から出すのは無理

＊貸し出し拠点を増やす予定は？

――現在、図書の貸し出し業務をしている施設、というのが条件なので今のところは難しい

＊利用者の声を聞く意見箱をおいて

――それはいい考えですね

＊休館日の翌朝でも返却本が配架されていないのはなぜ？

――人手が足りないため。旧市民図書館の三倍の利用を見込んでいたが、実際には一〇倍の利用がある。人員を増やしてはいるが追いつかない

＊これから先の取り組みは？

――パソコンで図書館の蔵書の検索ができるようになるということと、分館の本をできるだけ新しいものにしていく。各区の図書室が分館になったときに、増床を検討したが構造的にできなかった

＊会の活動を通して図書館のPRをすることもボランティア活動の一つと考えているのですが

――ボランティアについては、図書館側は好意を受けるという立場で、頼むことはできない。配架の問題などは図書館で解決しなくては。図書館を後押しするような運動をどんどんやって下さい

〈会報9号　一九九六年一二月二四日より〉

ろうあ者から見た総合図書館

図書館の利用者にはさまざまな立場の人がいます。そして、それぞれに図書館に対する見方や要望は異なります。先日、福岡市総合図書館を利用した数名のろうあ者の方々とお話しする機会がありました。「利用した感想は」と聞いたところ、大きくて素晴らしいという感想がある一方で、ろうあ者ならではの感想、要望を聞かせてもらいました。

それは大きく分けると、

①貸し出しカウンターや受付に手話のできる人が一人か二人いてほしい

②館内の見やすい所に大きくて分かりやすい案内板がほしい

③ビデオライブラリーにあるビデオに字幕をつけてほしい。または字幕のあるものを増やしてほしい（特に日本映画やドキュメンタリー）

というものでした。これはあくまで、そう改善してもらえたら、もっと利用しやすくなるというものですが、実際に、受付でうまくコミュニケーションがとれずに誤解されて不愉快な思いをしたとか、どこに何があるか分からず人にも聞けず迷ってしまったなど、問題がおきているようです。

今後、総合図書館がより充実したものになっていくためにも、市民のいろんな声に耳を傾け、対処してもらえるようになることを願っています。（「身」橋山尚江）

〈会報9号　一九九六年一二月二四日より〉

＊―――1997・第二回フォーラム「住民と図書館」盛会

雑餉隈《ざっしょのくま》地域交流センター内図書施設に関する要望書を提出

一九九七年一月二九日、市長と教育長に博多区雑餉隈地域交流センター内の図書施設に関する要望書を提出しました（四四、四五頁参照）。その写しを市民局地域振興課にも提出しました。教育長あての要望書は総合図書館の副館長、管理部長、図書利用課長と係長に手渡し、懇談しました。

従来から要望している図書館システムの構築、一〇年後二〇年後の福岡市の図書館ビジョンを示してほしい、登録者数の累計ではなく単年度の数字を示すことなどをお願いしました。

なお、二月五日、雑餉隈地域交流センター内の図書施設は福岡市総合図書館の分館として位置付けられることが明らかになりました。

〈会報10号　一九九七年三月一八日より〉

1 今後とも地域交流センターを建設する際は図書施設をつくって下さい。

2 市内全域に均質のサービスを展開し更に充実させる為に図書館システムを構築し市民に提示して下さい。

3 地域交流センター内にできる図書施設は各市民センター内の分館と同様、“総合図書館の分館”と位置付けて下さい。

4 実施設計にあたり、市民、司書専門職、図書施設担当者を加えた設置検討委員会（仮称）をつくって下さい。その委員会には私たち「身近に図書館がほしい福岡市民の会」メンバーを加えて下さい。

5 司書専門職の適正配置をして下さい。

6 この施設が図書施設である事が遠くからでも分かるように表示して下さい。

7 金曜日、土曜日など週のうち一日でも開館時間を延長して下さい。

8 子ども、高齢者、身障者、誰でもが安心して利用できるよう、

・子ども、高齢者、身障者のことを理解でき本に詳しい人の配置をして下さい。

・大型活字本を多く配架して下さい。

・段差をなくし案内表示は誰にでも分かるように表示して下さい。

9　地域資料（会報、案内、資料を含む）を収集、閲覧できるようにして下さい。

１０　伝言板（図書資料に関する事、文庫や読み聞かせをする人たちの情報等）を設置して下さい。

１１　一階部分に返却ポストを設置して下さい。

以上

雑餉隈地域交流センター（仮称）内
図書施設に関する要望書

1997年1月29日

身近に図書館がほしい福岡市民の会
世話人代表　力丸世一

日頃私たち「身近に図書館がほしい福岡市民の会」に対し、温かい御配慮を頂き感謝申し上げます。

昨年6月開館した福岡市総合図書館は連日多くの市民が利用、資料の貸出は当初の予想の3倍をはるかに上まわり10倍近い数字となっており全国的にも注目を集めています。130万市民がいかに本格的な図書館を待ち望んでいたか改めて感じます。今後とも尚一層のご尽力をお願い申し上げます。

さて昨年12月24日地域拠点施設「雑餉隈地域交流センター（仮称）」の基本設計概要が公表されました。身近に日常的に利用できる図書館がほしいと願う私たちは図書施設が含まれている事に大変喜ぶと共に期待しております。

この交流センターが公共サービス拠点施設、コミュニティ機能を有する施設、デイサービスセンターが含まれている事、3階から上階は住宅施設であること、更に交通の便が良いことなどから広範囲の利用が見込まれます。今後東区和白、西区今宿、早良区野介にも交流センター設置の方針とのこと、福岡市の21世紀を展望した地域交流センターであることから私たち「身近に図書館がほしい福岡市民の会」では次のことを要望します。

要望書に対して総合図書館より回答

一九九七年五月一六日、総合図書館と懇談し、要望書に対して回答をもらいました。会から六名参加しました。（質問、回答とも要旨のみ）

1．今後も地域交流センターの建設の際は図書施設をつくってほしい

【答】計画が浮上したら担当部局（市民局）に要求していく

2．図書館システムを構築し、提示してほしい

【答】これからの課題として検討していく

3．地域交流センター内にできる図書施設は総合図書館の分館にしてほしい

【答】雑餉隈地域交流センターについては分館にする

4．実施設計にあたっては設置検討委員会をつくってほしい

【答】すでに実施設計に入っており、委員会は設置しませんが皆さんの意見をお聞きする場はつくる

5．司書専門職員の適正配置をしてほしい

【答】努力していく

6．図書施設であることが遠くからでも分かるように表示してほしい

【答】なんらかの方法で表示する

7．週のうち一日でも開館時間を延長してほしい
【答】図書館全体の問題とも関係してくるので現時点では困難
8．子ども、高齢者、身障者に理解ある人を配置してほしい
大型活字本をおいてほしい
段差をなくしてほしい
【答】要望通り、検討する
9．地域資料を収集、閲覧できるようにしてほしい
【答】要望通りにする
10．伝言板を設置してほしい
【答】設置する
11．返却ポストを設置してほしい
【答】設置する

一つ一つの事がらに対応していただき深謝します。ただ閉館時間については、三階から上が住宅施設であること、私鉄やＪＲ駅に接していることを考えると、もっと柔軟に対応してほしいと思いました。

〈会報11号　一九九七年六月九日より〉

第二回フォーラム「住民と図書館」盛会

一九九七年一〇月一日、福岡市総合図書館を会場に第二回フォーラム「住民と図書館」を開催しました。九州、沖縄各県はもとより山口、香川からも参加があり二〇〇名近い参加がありました。総合図書館には共催という形で多くの面で支援していただきました。

奈良屋まちづくり協議会の皆さんによる歓迎行事「歓迎！　博多仁和加《にわか》」は大変好評でした。午前中は、落石みどりさん（奈良屋まちづくり協議会）の基調報告「博多部にほしいこれからの図書館」、それに続き「まちづくりと図書館」というテーマでパネルディスカッションがありました。パネラーの千葉治氏（佐賀市立図書館長）、増田浩次氏（前苅田町立図書館長）、菊池美智子さん（柳川の図書館を育てる会）、池口由美子さん（日本一の図書館づくりを応援する前原市民の会）、それに落石みどりさんも加わり、椎葉和子さん（志免《しめ》町としょかん友の会）の司会のもと、各々の立場から発言がありました。

午後の分科会は「図書館ってなあに?」、「図書館を支える」、「図書館がまちを変える」の三つに分かれ、熱心な討議が交わされました。それぞれの分科会に菅原峻氏、千葉治氏、増田浩次氏が助言者として入って下さり、最後は菅原峻氏「この集いを明日につなげて」でまとめてもらいました。

なお、一一月末フォーラム報告集「この想いを明日につなげて」という冊子を作り、参加者に送りました。（「身」力丸世一）

〈会報13号　一九九七年一一月二〇日より〉

第二回フォーラムの分科会から

●「図書館ってなあに？」（アドバイザー菅原峻氏）

福岡市人口一三〇万人、巨大都市の中の規模の大きな図書館ほど遅れているようだ。手もお金も頭も回らない。札幌、横浜、大阪、そして福岡。政令指定都市は区で分割し、区は中都市であると考えるとよい。そして住んでいる区で、点在している分館をもっと良くしてほしいという声を住民から出すことが必要。図書館の良い悪いは住民の声しだいである。勉強して、声を出して、仲間をつくって行動することが大事。

公民館は本質的に図書館と違う。例えば、公民館は「用のすんだ人は早くお帰り下さい」。公民館を図書館のネットワークに組み入れるなら、行政側の意識改革が必要で、単なる公民館利用は問題を解決することにはならない。図書館協議会は、住民の声を図書館の運営に反映させるためにある。協議会をしっかり機能させることが良い図書館につながる。

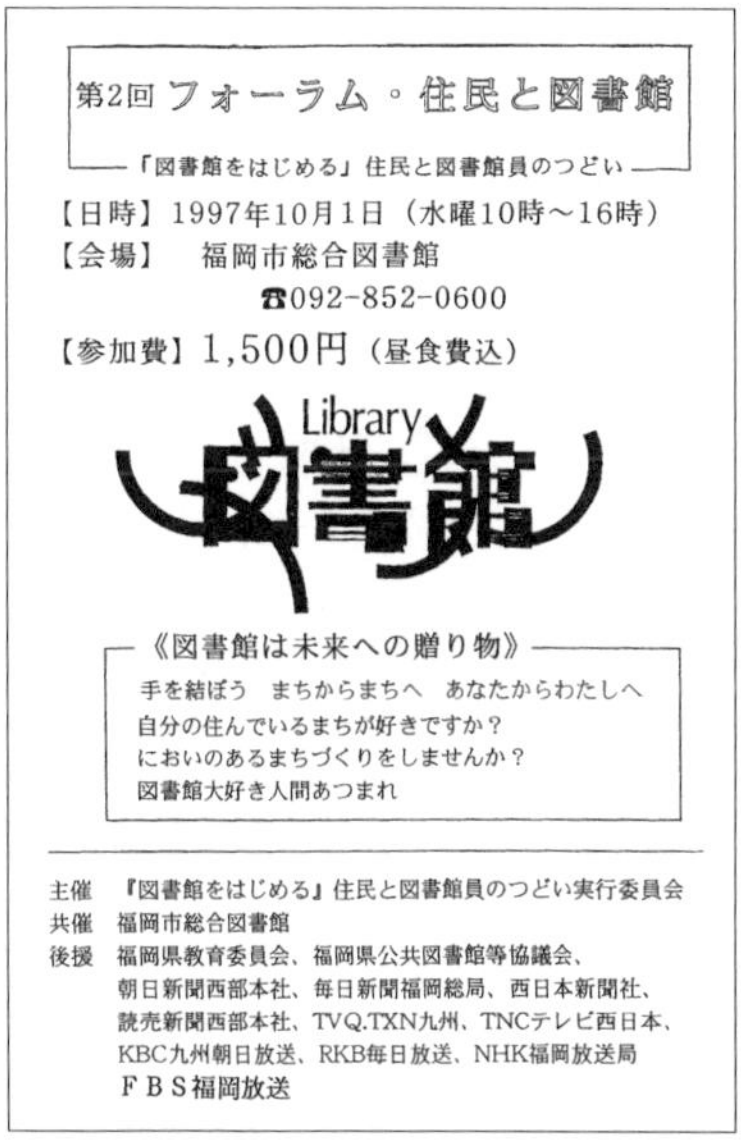

第2回 フォーラム・住民と図書館
「図書館をはじめる」住民と図書館員のつどい
【日時】1997年10月1日（水曜10時～16時）
【会場】 福岡市総合図書館
☎092-852-0600
【参加費】1,500円（昼食費込）

《図書館は未来への贈り物》
手を結ぼう　まちからまちへ　あなたからわたしへ
自分の住んでいるまちが好きですか？
においのあるまちづくりをしませんか？
図書館大好き人間あつまれ
主催　『図書館をはじめる』住民と図書館員のつどい実行委員会
共催　福岡市総合図書館
後援　福岡県教育委員会、福岡県公共図書館等協議会、
朝日新聞西部本社、毎日新聞福岡総局、西日本新聞社、
読売新聞西部本社、TVQ.TXN九州、TNCテレビ西日本、
KBC九州朝日放送、RKB毎日放送、NHK福岡放送局
ＦＢＳ福岡放送

第2回フォーラムの案内チラシ

ボランティアとは自発的に時間と能力を提供する人である。安上がりのアルバイトと考えている行政にボランティアが協力するのは、図書館のためにならない。図書館運営が良い循環をしているところでボランティアが入るのなら別である。

●「図書館を支える」（アドバイザー千葉治氏）

図書館は地球規模でつながっている。そして、地域の情報センターである。地域を知り、利用実態を知り、地域の事情で運営することが大切。

図書館を支えるには、まず図書館を使いこなす人が多くなること。住民がたくさん利用し、声を上げよう。住民はおとなしすぎる。資料費を増やすのは住民の利用状況である。どんな図書館がほしいか文字や絵や写真などで表現したり、図書館について考え、行動し、広めよう。

●「図書館がまちを変える」（アドバイザー増田浩次氏）

苅田町立図書館は町村図書館のトップを走っている。一本館、三分館、一移動図書館。町内のどこからでも歩いて一〇分から一五分、自転車で五分。開館から八年目。だが、スウェーデンで三万六千人（苅田町とほぼ同じ人口）のある町では、一本館、一一分館、自動車図書館五〇ステーション（病院、拘置所、老人クラブなどをおさえている）。日本でトップを走っていても、外国に比べたらまだまだである。

福岡市などは、図書館サービス計画がなく、行き当たりばったりである。図書館の近くの人が得するのではなく、住民に平等にいきわたるようにと要求することが大切。例えば、遠いと子どもが利用できない、主婦が利用できないというように。

苅田町立図書館では利用バッグを普及させ、これが二万袋配布された結果、殺伐とした町の雰囲気が変わった。図書館は町の誇り（芯）ができるなどの効果がある。また、市民と図書館は助け合う。図書館が市民をつくり、市民の要求で図書館は育つ。この両者の高まりが必要。

図書館と文庫活動の関係については文庫は行政の怠慢を助けている一面があることに留意してほしい。


〈報告集「この想いを明日につなげて」一九九七年一一月発行より抜粋〉

やらな文庫が模索する新しい図書館像

図書館が地域からなくなって不便だ、図書館がほしいという思いでやらな文庫を始めて一年半がたとうとしています。文庫登録をして九月で一年になりましたので、貸出冊数と利用者数の統計をとってみました。一年で貸出冊数一八二四冊、利用者数延べ一三二六名。文庫としてどれ程の利用なのかという基準はありませんので分かりませんが、よくもまあ、これだけの人が利用して下さったものだというのが実感です。

やらな文庫は公民館の一室をお借りして、週一回二時間だけ開館していますが、このほかにノートに記入すれば、いつでも自由に借りられる本棚を公民館玄関と奈良屋郵便局に置かせてもらって

平成13年5月25日発行

まちづくり新聞 第16号

ならやらな

発行 奈良屋まちづくり協議会
事務局：奈良屋公民館 092-271-4461
福岡市博多区奈良屋町1-6

地域通貨よかよか

地域通貨よかよか（三月、四月、五月の期間、実験中）が三月一日よりスタートしました。

三月一日には「発足会」、三月二十五日には「一品持ち寄り会」、四月四日には「交流会」とイベント、四月二十五日には「よかよかサロン」を開催しました。会員は現在六十六名（四月二十六日付け）とますます広がりを見せています。毎週水曜日に奈良屋公民館にて地域通貨よかよかサロンを開いていますので、地域通貨よかよかに興味ある方、参加されたい方は是非、お立ち寄りください。また、地域通貨よかよか会員の方々にとって、交流、交渉の場、意見交換の場としてご利用いただければ幸いです。

「地域通貨よかよか」とは？

互いに助けられ支えあうサービスや行為を、会員間で通用する独自の点数、または時間などの価値に置き換え、これを「通貨」として財やサービスと交換する仕組みです。

これは、市場経済とはまったく別の新たな価値観を形成することにより、「お金」では、計りきれない価値を評価し、地域内の相互の支えあいの活性化を期待するものです。

【お問い合わせ】
奈良屋まちづくり協議会
地域通貨よかよか事務局（二見）
電話 092-263-7788
FAX 092-263-7789
Eメール futami@comenu.com

地域通貨よかよか事例紹介

〈よかね？編〉
□孫さんを紹介してもらってもよかね？
□犬の散歩をしてもらってもよかね？
□博多のことを教えてもらってもよかね？

〈よかよー編〉
□マッサージをしてもよかよー
□漬け物の作り方を教えてもよかよー
□パソコンを教えてもよかよー
□和菓子作りを教えてもよかよー

〈交渉成立の声〉
□中古三線線をもらって助かりました。（S氏）
□S店でコーヒーが二割引でした。これで地域の商店も元気になればいいのに。（T氏）
□博多織物を食べさせてもらい感謝!!（F氏）

ホームページからも地域通貨よかよかに関しての情報が閲覧できます。 http://www.comenu.com

奈良屋まちづくり協議会が発行している地域新聞「ならやらな」

います。ここに置いてある本は地域の方々からの寄贈本です。予想通り、郵便局での利用者が一番多いという結果が出ました。週一回二時間の文庫活動では利用できる人が限られますが、週五日八時間開いていて、ついでのときに借りられる郵便局が多いのは、当然の結果といえます。これからの図書館建設は、生活動線上にある図書館を考えていく必要があるようです。はるばる行って緑の多い静かな図書館も良いですが、忙しい人が日常的に利用できるよう、駅やスーパーに図書館があってもいいのではと思います。

やらな文庫では、本の貸し出しだけでなく、いろいろなことをやってきました。クリスマス会、一周年記念おはなし会、アジア子ども会議地域交流会などのほか、本の貸し出しをしながら、その横では話し合いあり、お手玉作りあり、博多仁和加の練習あり、お茶飲みあり、まちづくり新聞「ならやらな」の印刷あり。子どもたちもお絵かきあり、工作あり、紙芝居あり。棚の上には支援者の手作り品が一つ、二つ増えていき、嬉しい限りです。大人が子どもたちを本の世界に導くという雰囲気ではありませんが、皆が「なんしよーと」と気軽に入ってこれる雰囲気だけは作っていき

たいと思っています。（奈良屋まちづくり協議会　中島芳子）〈どかんしょ15号　一九九七年一二月より〉

まちづくりと図書館

博多部《はかたぶ》では今、小学校四校区（奈良屋、大浜、御供所《ごくしょ》、冷泉《れいぜん》）の住民と行政で、博多部振興検討会という会合を持ち、博多部の振興検討策を話し合っています。一一月には、図書館のことが議題となったため、私たちの考えを聞いていただく機会を得ました。その中でやっと新しい図書館のイメージを理解してもらえたようですが、それならば、現在ある公民館を利用すればいいではないかとか、福岡市七区の公平性など、新たな問いかけが返ってきました。そこで次回は、図書館と公民館ということで勉強してみようということになりました。

私たちは、まちづくりとして定住環境を考えたとき、核となる施設が図書館だと考えています。それは、いつでも、誰でも、どこにいても利用できるのが図書館だからです。

図書館イコール本というイメージは、まちづくりにおいては図書館イコール情報の集積と置き換えられます。情報を核として全ての行動が始まっていく、それがまちづくりにつながっていけばどんなにか素晴らしいでしょう。それほど現代の図書館は動的図書館であってほしいと願っているし、住民が必要とする施設なのです。（奈良屋まちづくり協議会　中島芳子）〈会報13号　一九九七年一二月二〇日より〉

コラム1　「文庫」って何？

　個人の家や団地・地域の集会所の一部屋を開放し、子どもたちに本の貸し出しや読み聞かせ、手作り遊びをする〝ミニ図書館〟とも言える場のこと。主として母親たちが自主的に作り上げた読書運動です。図書館とは異なり、開館は週一回や月に一回、時間も半日や二時間程度。多くの場合、専門家は不在です。「一人でも多くの子に一冊でも多くの本との出会いを」と、一九六〇年代から七〇年代、家庭で（＝家庭文庫）地域で（＝地域文庫）、まるで燎原の火のように全国各地に文庫ができました。

　福岡市では二六一（二〇〇六年二月現在）の文庫がありますが、文庫の形、考え方に違いがあります。母親たちが成長する地域の子どもに本と出会わせたい、とやむにやまれず作ったのが一般的な文庫ですが、学童保育や公民館事業の一つとして設置されている所があります。〝お上からの声掛かり〟で設置された文庫です。地域に点在するので、行政には〝福岡市には本が行き渡っている〟という誤解を、また実際に文庫のお世話する人たちには〝行政のお手伝いをしている〟との誤解を生んでいます。その認識の差から、他の地域で文庫運動が図書館運動へと発展したのに対し、福岡市ではその動きに発展しないことが残念です。

（「身」力丸）

福岡県城島町民図書館を見学

一九九八年七月八日、城島町民図書館を見学しました。西鉄大善寺駅から車で一五分ぐらいのところ。外から見ると、蔵づくりに瓦屋根で、瓦の産地、お酒の町という特色を表しています。職員の下川さんに案内していただきました。人口約一万四千人に対して、図書館の広さ約一千平方メートル、蔵書四万二千冊（収蔵容量九万冊）、音楽ホールのある図書館という特徴を持っています。

本のほかにビデオやCDが三点まで八日間借りることができるとか。少し高めのしゃれたテーブルといすを設置したティーンズコーナーも素敵です。今後の蔵書計画までお話ししていただきました。「セオリー通りやれば需要は目に見えるのだ」ということも。二人の方の見学記です。

●夢のある図書館

一九九八年六月二日に開館したばかりの新しい図書館へ見学に行きました。ここは城島町総合文化センターと町民図書館が一緒になった建物です。図書館は外側から見ると酒蔵がいくつも並んだような日本式の建物ですが総合文化センターの方を見ますとモダンな感じの建物になっています。

中央の玄関を入ってまたびっくりしたのは、外側と異なる感じで裏側までまっすぐな広い廊下があり、右側が総合文化センター、左側が図書館で、廊下でいろいろのイベントができるようになっていることです。文化センターの方は見学できませんでしたが、図書館の方は壁や戸が酒蔵のような感じになっていました。廊下のあちこちに二人用の椅子があり、モダンな作り方がしてあります。図書館の中は高い天井や天窓、まわりの窓も丸くあけられ、壁がローズピンク、手すりや電気器具などワイン色と不思議な色ですがちっともおかしく感じません。本もまだ買い揃える途中とのことですが、新しい本ばかりでうらやましいことでした。本棚と本棚との間が広くとってあって車椅子やベビーカーもゆったり通れて、他の図書館と違うように感じました。

畳のフロアーがあり将棋盤と碁盤が置いてあり、お父さんと子ども、老人の方が座っていて、来館する子どもと将棋したりして、大人と子どもの交流ができるそうで、案内して下さった方が「この企画は良かった」とおっしゃっていました。いろいろの楽しい工夫がしてあって、びっくりしたり感心したりしましたが、こんな図書館を利用する子どもたちは幸せだなあと考えます。夢のある図書館です。この中で育った子どもたちはどんな大人になるのだろうと思いました。

この建物のように右側から見るのと左側から見るのとの違いのある建物は珍しいし、建物の中と外側との違いのあるのも珍しいので、今日はびっくりすることばかりでした。子どもだけでなく、大人も楽しくなる建物なんて近ごろ珍しいのではないでしょうか。こんな楽しい図書館が近くにで

きたらと思い、私たちがもっとがんばらなくてはと思いながら帰ってきました。（「身」大槻博子）

●百聞は一見にしかず

外観は酒どころ城島町をあらわす蔵づくり。中に入ると書架はワインカラー、壁は淡いピンク系。酒に色はないけれど、この図書館を使って文化を醸成してほしいとの願いがこめられているとか。「うなぎの寝床」のように長い。しかし、入館すると洋風なおしゃれな感じ。廊下に展示や、本などリサイクル市場風にもできる。椅子もある。歩きながら図書館内部も見え、期待に胸ふくらむ。

蔵づくりということで四角っぽいイメージだが、大きな丸窓が子どもの本フロアーの所に二ヵ所あり、内から見ても外から見ても夢さそう。

運営方針を尋ねると「町づくり・人づくり・図書館づくり」との言葉が返ってきた。さらに、「公費で運営される図書館は、地域住民全体を対象とした人づくりの視点からサービスをする」との答えに、福岡市の現状を考えた。大きい自治体、小さい自治体各々に長所、短所はあるだろう。やれること、やれないこともあろう。しかし、公共施設、特に赤ちゃんからお年寄りまで全住民を対象とした日常施設としての図書館のあり方は、自治体の大小に関係はない。地域住民全体を対象とした人づくりの視点からのサービスが当然と思った。（「身」力丸世一）

〈会報16号　一九九八年八月四日より〉

市長選挙に向けて候補者に公開質問状を提出

一九九八年一一月一五日の福岡市長選挙に向けて四人の候補者に公開質問状を提出しました（五九、六〇頁参照）。

〈会報17号　一九九八年一一月四日より〉

扉を閉ざす総合図書館

昨年度（一九九七年度）末、月一度の例会を総合図書館で開かせてほしい旨申し入れたところ快諾いただきました。そして、研修室をご案内いただいていました。新年度（一九九八年度）になり、利用を許されたのはボランティア室でしたが、月一度約三時間、七つの区から会員が集まり会合を持つことができることに、私たちはとても喜びました。

ところが九月例会直後、使用不許可を図書利用課長に言い渡されました。九月一一日、急きょ図書館にかけつけ課長、係長と、一〇月八日には管理部長も初めて同席の上、話し合いました。そして、会の活動は認めるし、会との話し合いには応じるが、運動体には部屋は貸さない、ボランティア室はボランティアする人が利用できるが、あなたたちは総合図書館ではボランティアをしていない、ゴミを拾うとか本の整理をするとか椅子で眠っている人を起こすとかしていますかと言われました。

福岡市の図書館行政についての公開質問状

市長選挙にあたり御健闘を心からお祈り致しております。さて私たち「身近に図書館がほしい福岡市民の会」は福岡市の図書館行政の発展を願い三年前に発足し活動している団体です。

現在福岡市には本館である福岡市総合図書館と各区にある分館七つ、その他三つの図書施設があります。現在着工している雑餉隈交流センター内の図書施設を含めても、131万市民が日常的に利用できるという状況にはありません。エプロンがけで、サンダルばきで、子どもでも歩いて行ける範囲にあり、日常的に利用できる図書館は生活の基底部分の施設と言われます。日本全体でみますと平均して5万2千人に一つの図書館があります。福岡市の場合、三つの図書施設を含めても約12万人に一つの状況です。

高齢化社会であり生涯学習がうたわれる時代、そして子どもたちの心の教育が叫ばれる中、図書館に対する期待、要望は多くの市民が抱いています。

つきましては市長選挙を機会に、より明確な福岡市の図書館行政についてのお考えをお示し頂きたく公開質問状を提出いたします。ご多用中大変恐縮ですが10月30日迄に文書でご回答下さいますようお願いします尚。ご回答はその有無を含め公開させて頂きますことを申し添えます。選択肢のある所ではお考えに近い所に○をつけて下さい。

①日常的に図書館を利用されていますか。

　　イ・はい　ロ・いいえ

②図書館は納税者が受益できる行政サービスの最前線と言われます。どのように位置付けておられますか。

③政令都市福岡市の現在・未来にわたり福岡市の図書館行政に責任を

もつ館長が図書館専門家でも図書館専任でもありません。

＊専門家が必要

イ）そう思う　ロ）思わない　ハ）分からない

＊専任であるべき

イ）そう思う　ロ）思わない　ハ）分からない

＊ 今のままでいいとお考えの場合はその理由をお示し下さい。

④図書館ビジョンをお示し下さい。

⑤市民の自立・自律が言われる現在、それを助ける場であり生涯学習の場そのものである図書館ですが、職員体制をみるとき非常に厳しい現状があります。一般的に図書館の構成比として建物5%、資料20%、人75%といわれるほど人――司書専門職が重要視されています。一定の経験年数とたゆまない研修が必要とされる司書職員の大半が嘱託職員、アルバイトです。

＊現在の状況で

イ）良い　ロ）変えたい

＊ロとお答えの場合どのように変えたいとお考えですか。

⑥1対40で教える授業から主体的な学習能力を身につける授業が求められるようになり、学校図書館の充実、重要性が見直されています。文部省では2003年をめどに司書教諭の配置が決まっています。

＊学級数に関わりなく司書教諭の配置が

イ）必要　ロ）必要なし　ハ）分からない。

＊これ迄学校図書館を支えてきた学校司書の多くは臨時職員でした。御存知でしたか？

イ）はい　ロ）いいえ

＊教科担任兼務の司書教諭配置ではなく専門専任司書の配置が必要と思いますか

イ）そう思う　ロ）思わない　ハ）分からない　　　　以上

有り難うございました。貴殿のご健闘を心からお祈り申し上げます。

私たちの会は市のボランティア団体にも登録されています。福岡市の図書館の今を、未来を考え、時には提言をし、時には市民の声を伝える活動をし、各々地域では文庫にたずさわったり、学校や公民館でおはなし会の出前をするなどしています。昨年一〇月には総合図書館と共催で第二回フォーラム「住民と図書館」を開催し、住民と行政担当者、図書館職員が一つのテーブルについて話し合う意義を確認しました。その結果が例会の開催許可でした。誰もが日常的に図書館の利用ができる状況にあって初めて「福岡市に図書館がある」と言えるもの。管理運営の責任者が司書専門職を持っていない（前管理部長は司書資格を持っていました）という現実を痛感しました。（「身」力丸世一）

＊　＊　＊

一一月一五日の市長選挙で当選された山崎広太郎氏の、私たちの公開質問状に寄せられた回答の一部をここに記載します（六二、六三頁参照）。この回答が現実に施策となり、福岡市の図書館行政がより進展するよう、どこに住んでいても、誰でもが、日常的に身近に図書館を利用できるようになるよう見守り、発言を続けていきたいと思います。

〈会報18号　一九九八年一二月二日より〉

新市長に期待

一九九八年一一月一五日の福岡市長選挙では、思いがけず、現役の桑原氏が落選し、山崎市長が誕生しました。西日本新聞に一一月一七日、一八日、一九日「変化を追う　福岡市長選」という記に利用できる環境を整備することだと思います。小・中学校や公民館の図書室の充実を初め、各区の図書館の充実、及び各種図書館とのネットワークの構築が必要だと思います。さらに、インターネットによる図書の検索システムの構築も不可欠と考えています。

⑤一定の経験年数とたゆまない研修が必要とされる司書職員の大半が嘱託職員、アルバイトです。

＊現在の状況で　　イ・良い　ロ・変えたい

＊ ロとお答えの場合どのように変えたいとお考えですか

司書に求められていることは、単なる本の出し入れや分類整理だけではなく、検索の補助や調査研究の手助けなど極めて専門性の高いサービスです。その意味で、司書職員の現在の待遇は、本市における文化行政のレベルを物語るものであるともいえると思います。今後行政が取り組むべき課題の一つとして考えていきたいと思います。

⑥文部省では2003年をめどに司書教諭の配置が決まっています。

＊ 学級数に関わりなく司書教諭の配置が

イ・必要　ロ・必要なし　ハ・分からない

＊ これ迄学校図書館を支えてきた学校司書の多くは臨時職員でした。ご存知でしたか？

イ・はい　ロ・いいえ

＊教科担任兼務の司書教諭配置ではなく専門専任司書の配置が必要と思いますか

イ・そう思う　ロ・思わない　ハ・分からない

山崎新市長からの回答（一部）

②図書館は納税者が受益できる行政サービスの最前線と言われます。どのように位置付けておられますか。

図書館は、調査、研究、生涯学習、娯楽など市民の様々な想いと活動をサポートするものであり、また、子どもから高齢者まで気軽に立ち寄れる市民の憩いの場でもあると考えています。

③政令都市福岡市の現在・未来にわたり福岡市の図書館行政に責任をもつ館長が図書館専門家でも図書館専任でもありません。

下記の理由により回答を留保します

＊ 専門家が必要　イ・そう思う　ロ・思わない　ハ・分からない

＊専任であるべき　(イ)・そう思う　ロ・思わない　ハ・分からない

＊今のままで良いとお考えの場合はその理由をお示し下さい。

図書館が文化や教育の面で果たす役割を真摯に考える立場からしますと、図書館行政や文化行政について"実質的に"十分な理解をもった専任の専門家が必要だとは思います。しかし、これまでのように館長に司書資格を義務づける「必置規制」は如何なものかと思います。図書館の役割を拡大して考えたとき、館長の人材を広く他に求めることも考えられてよいのではないでしょうか。

④図書館ビジョンをお示し下さい。

図書館を、単なる図書の貸し借りの場としてだけではなく、文化行政の中核として位置づけ、市民の生涯学習や憩いの場として機能させていきたいと思います。そして、最も重要なことは、市民が手軽

事が連載されました。「有権者は『継続』より『変化』を選択、九州最大の都市の首長が一二年ぶりに交代する。有権者が求める『変化』とは何なのか」を追った記事でした。今回の市長選では無党派層がどう動くかがカギでした。一七日の記事には「山崎氏陣営の読みは『五〇％を越す投票率になったら追い風が吹き、接戦を制す』。これに対し、桑原氏陣営は『四〇％台半ばなら、逆風に持ちこたえられる』と踏み、『投票率選挙』の様相すらあった。実際の投票率は四三・四八％。過去最低だった前回を一一・八二％上回ったものの、有権者の半数以上が棄権した低投票率に変わりはない」とあり、さらに、「五割を切る低投票率の中でもなお、変化へのうねりを起こした民意の底流には、何があったのか」をさぐっています。そして、「大型開発を進める一方、都市空洞化を招いた今の行政への批判を込め、次善の選択をせざるを得なかった」（不動産業者五一歳）、「現職に象徴される経済優先の都市づくりが曲がり角に差し掛かった今、新たな都市づくりの扉を開くには、世代交代が必要だと思った」（四〇歳代の労組関係者）という二人の談話を載せ、「現状への不満を背景に『変化』を求める民意を示していることだけは間違いない」と結んでいます。

一八日の記事には「都市は立ち止まった」の見出しがつき「開発行政の継続に『ノー』を突きつけた今回の市長選。選挙期間中に実施した本社の世論調査でも、優先政策として、『都市の開発』を求めた人は一割に満たず、『福祉』『環境』が群を抜いていた。有権者が『ポスト開発行政』を切望していることが、うかがえた」とあります。

そして、「今回の市長選では公開質問状が各陣営に殺到した」といいます。その内容は「地域の図書館」「博多湾の生物保護」「市民活動への支援策」などで、「多彩な市民グループが、それぞれの視点から、足元の暮らしの『変化』を求めた。ある陣営の政策責任者は『二一世紀の都市の扉を開くキーワードがちりばめられていた』という。肥大化する都市の片隅で、『手作り』『ぬくもり』の政策を求める市民。そんな一票の積み重ねが、新市長の誕生につながったのかもしれない」と結んでいます。

ここで、私たち「身近に図書館がほしい福岡市民の会」が市長選にあたり、各候補者に公開質問状を出すことにした経過を述べてみます。

福岡市の図書館は、図書・ＣＤの貸出期間を二週間としています。ところが、貸し出されている図書の三〇％以上が貸出期間を越えたまま返却されずにいるとして、九月二日から、貸出期間を越えて借りている人には返却した翌日まで新規貸し出しをしない（なぜ、翌日なのだろう？）と、総合図書館だより「ぶくぶく」7号（一九九八年一〇月発行）で伝えています。また、私たちの会は、四月から月一回の定例会のために総合図書館のボランティア室を使用させてもらっていました（三月に、当時の部長、課長に申し入れて快諾いただいたもの）。ところが、九月の定例会直後、使用不許可を課長に言い渡されました。九月一一日、一〇月八日の二回、図書館側と話し合いましたが、私たちの会はボランティア団体ではないのでボランティア室は貸せないの一点張りでした。図書館行政が管理的になってきている雰囲気が感じられ、私たちは不安をつのらせました。急きょ、場所を移しての一〇月定例会で、一一月の市長選挙に向けて、四候補者に会として公開質問状を出そうということになりました。三候補者からは質問の一つ一つに対して、候補者自らの言葉による回答が寄せられましたが、現職の桑原氏からの回答は質問を無視した一方的な作文でした。

一一月二五日の西日本新聞投稿欄「こだま」に永田さんという二一歳の方の投書が載っています。「今回、市民団体が各候補者に対してアンケートを実施したり、合同演説会を開いたりして、市民が積極的に政策を聞こうとする動きがより一層盛んになったように思われる。しかし、現職の桑原敬一氏はこれらの機会に明確な反応を示さなかった」、「この機会に現状を自らの言葉で説明して、誠意を持って私たちと向き合うべきだったのではないだろうか」という永田さんの鋭い指摘にうなずきました。

私たちの会では七月に、その前月に開館したばかりの城島町民図書館を見学しました。人口一万四千人の町で、図書館の広さ一千平方メートル、蔵書四万二千冊。一二月に見学した瀬高《せだか》町立図書館は、人口約二万五五〇〇人に対し、広さ二千平方メートル、蔵書七万冊。これに比べ、例えば私の住む博多区の図書館は人口約一七万人に対し、広さ五〇〇平方メートル、蔵書五万冊です。他の区の図書館や総合図書館の本を取り寄せてもらえますが、本が届いたら、もう一度取りに行かなければなりません。小さな町や小都市のほうが、人口一三一万人を越える元気都市、福岡市よりも図書館行政の点ではがんばっています。七月二三日の西日本新聞に「福岡市は九州最大級の国際会議場を建設すると発表」という記事が載りました。「国際会議ばかり増えても市民の生活は豊かにはならない。市民の日常生活に目を向け、生活施設である図書館の充実にもっと税金を使ってほしい」という意味のことを私は西日本新聞（七月二八日「こだま」欄）に投書しました。大型開発や大規模イベントに私たち市民は、もう、うんざりという気持ちがあります。そういうもので私たちの日常生活は少しも豊かにならないことが分かったからです。

一二月七日初登庁した山崎広太郎市長は就任あいさつで、「都市の開発を行政が引っ張るのではなく、生活密着型の行政に重点を置き換える」と訴えたといいます。図書館行政も今より悪くなることはないだろうと期待しています。（「身」柴田幸子）〈どかんしょ21号　一九九九年三月より〉

福岡県瀬高町立図書館を見学

●三面採光の明るい図書館

昨年（一九九八年）一二月九日、七百年の伝統を今に伝える幸若舞の里・瀬高町の図書館を見学した。瀬高町の人口は約二万五五〇〇人、町立図書館は一九九八年七月九日開館、延床面積約二千平方メートル、蔵書七万冊。

寒波がやってきたその日、ＪＲで瀬高へ。建物は三面が上まで透明ガラスのとても明るいものである。室内はいろんな素材や形の椅子が置かれ楽しい。窓側に並べられた机も方角的に強い日ざしは入らないとの説明だった。目の前が道路を隔てて中学校なので、生徒たちも帰りによく立ち寄るそうだ。右隣りには、ふれあいセンター・公民館もあり良い環境でうらやましかった。

（「身」斉藤れつ子）

●豊かな知識　豊かな心　豊かな空間　豊かなひととき（図書館パンフレットから）

三面ガラスに囲まれ、外からも雰囲気がつかめました。当日は保育園の子どもたちが作ったという牛乳パックの家がずらりと並び、メルヘンの世界に入ったよう。きっと子どもたちはこうして自分の中に図書館を組み込んでいくのでしょう。そこに図書館があるということ。図書館に行けば何か楽しいことがある、自分に喜びや楽しみをもたらしてくれる場ということを。

ヤングコーナーの机がまた良い。すぐ近くに中学校があり、その子どもたちを意識して、音楽、釣り、コンピューター関連の雑誌を多く入れているとのこと。青春時代の一時期を図書館で過ごした子どもたちは、この町を出ても自慢する故郷をいつも心の中に抱くでしょう。いいえ、この図書館を核にして新たな瀬高をつくっていくかも。

ひろびろゆったり開放的だけど、本が日に焼けないかなとよそごとながら心配になる。また、冷暖房といった光熱費が。ただ工夫はこらされていた。家具類はとても素晴らしく、いく種類もの椅子に座ってひとときくつろいだ。（「身」力丸世一）

〈会報19号　一九九九年三月二日より〉

第三回フォーラム「住民と図書館」

一九九九三月二〇日、苅田町三原文化会館と苅田町立図書館を会場に第三回フォーラム「住民と図書館」が開かれました。約一五〇名の参加がありました。

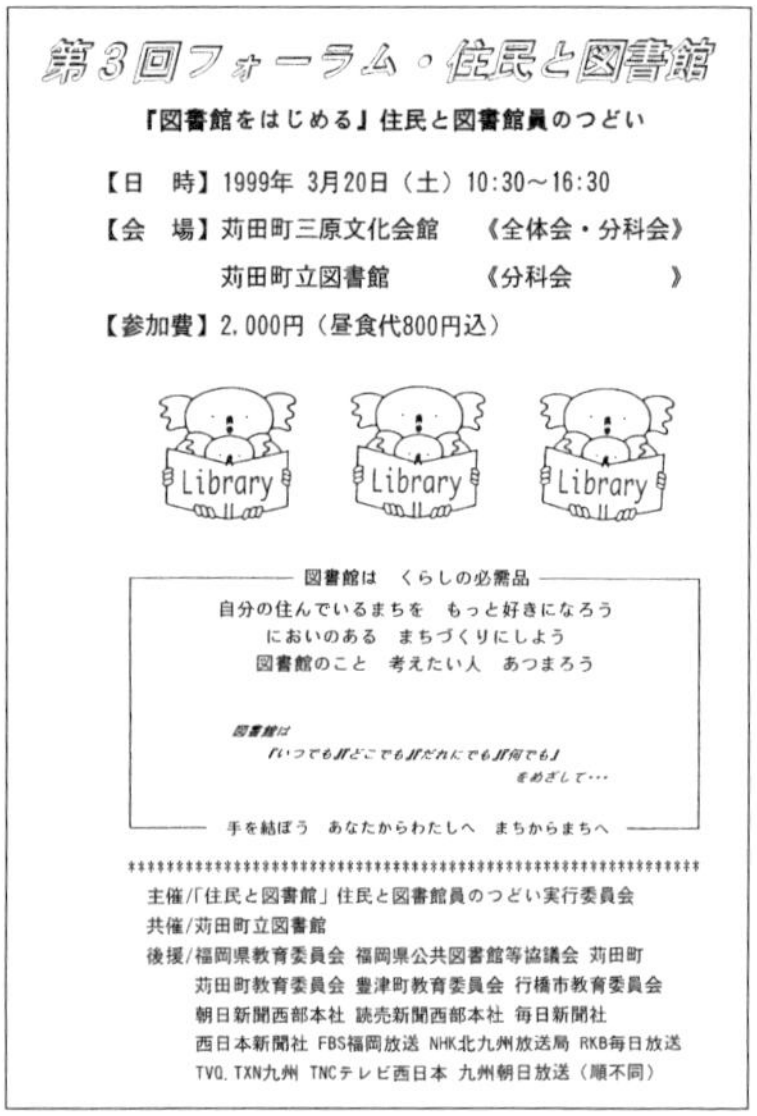

地域を越えて集った第3回フォーラム

午前中は、地元の人形劇団〝パペットひゅるるんぱ〟の皆さんの歓迎人形劇「三枚のおふだ」で始まり、苅田町長の歓迎あいさつ、続いて前苅田町長、沖勝治氏による「つくってみれば日本一」の基調講演がありました。

午後は、第一分科会、漆原宏氏（写真家）「何でもしゃべろう図書館のこと」、第二分科会、山本哲生氏（前山口県周東《しゅうとう》町立図書館長）「住民のつくりあげる図書館」、第三分科会、下川和彦氏（城島町民図書館・久留米市民図書館出向）「図書館づくりTPO」、第四分科会、犬塚まゆみ氏（伊万里市民図書館職員）「図書館の今とこれから」に分かれ、熱心な討議が交わされました。その後、分科会報告、山本哲生氏の寸言「これからの図書館」でしめくくりました。

なお、五月末、フォーラム報告集を作成しています。

〈会報20号　一九九九年七月二七日より〉

第三回フォーラムを終えて

フォーラム「住民と図書館」は、いろんな地域の住民が地域を越えて集い、図書館について――現状・未来・人・その他すべて――語り合い、そこには図書館現場で働く人にも行政担当者にも参加してもらい、住民、図書館員、行政担当者の三者が一つのテーブルにつくことで見えてくるものがあろうと一九九六年柳川市で、一九九七年福岡市で開催してきた市民主体のフォーラムである。

自治体の中に図書館があったとしても、私たち住民の立場から、その運営方法は図書館の未来（言いかえれば、住民またはその地域の将来のあり方でもある）にとって果たして良いのかを考えたり、もっと身近に暮らしの中に図書館をと願ったりしている。なかなか願いどおりにいかない現状が大なり小なりあり、今日のように不況風が吹き荒れると、一番に経費削減の矛先が向けられがちである。また、管理運営の責任者が専門職であってほしいと思う。これが無理ならせめて図書館に関心のある人、理解のある人、日常的に図書館を利用して図書館を肌で分かっている人をと思うが、いつになっても単に一つの事業部門としての人事異動が行われる。そのつど一からの出直し。またこつこつと二年から三年かけ、まず互いの人間関係を築き上げ、図書館への理解を深め

第3回フォーラム、沖勝治
前苅田町長による基調講演

てもらう努力をする。住民側が、自分たちがまず担い、共に協力しながら明日をめざそうとしているとき、それに答えようとしない行政とは何だろう。感受性が鈍っているのではないだろうか。

一方、図書館未設置の所では、つくってほしいという願いがあっても、どのようにとっかかりをつけてよいのか分からないなど、各々に悩みを抱えている。そうしたさまざまな願いや悩みを抱える人たちがフォーラムで出会い、そこで情報交換したり、交流が始まる。行政担当者も図書館員も住民も、互いの立場を理解するうえで何か参考になればと願っている。

これまでの二回のフォーラムには九州・沖縄、中国・四国各県からも参加者があり、図書館への関心の深さを改めて感じると共に、たくさんの熱い思いを知ることとなった。住民、図書館員、行政担当者、各々得るものがあったのだろう。共に盛会であったし反響も大きかった。

さて、今回は苅田町での開催であった。苅田町立図書館は一九九〇年五月一二日開館、図書館の優等生的存在。登録率八六％（ちなみに九六年、全国平均二六・七％、県平均二二・三％、以下すべて九六年の数値）、人口一人当たり貸出数一六・二七冊（全国平均三・三六冊、県平均三・一九冊）、一人当たり資料費一二五七円（全国平均二六七円）蔵書冊数一人当たり七・二八冊（国民一人当たり一・九八冊）、行政効果つまり税金の還元は町民一人当たり四万七三二一円、一世帯当たり一一万七五八五円という恵まれた実績を持っている《図書の平均単価×貸出冊数―総経費（人件費＋物件費）＝税金の還元》。行政意識も高い。

開催お願いの電話に館長は快諾して下さった。苅田町といえば住民税不正流用事件があったところで、日本国中にマイナスイメージとして報じられた辛い時期があった。その後、町長になった前町長の沖勝治氏は図書館を建設、オープン時のあいさつで「図書館を使って物事を考えることのできる町民になってほしい」と述べられた。この言葉は今も心を奮い立たせる。

図書館の優等生としての苅田町。ところが今、異変が起きている。一九九九年度の資料費の予算額が前年度決算額にくらべ半減している。図書館の位置付けにも変化があらわれていた。私は「あの苅田町が？」と悲鳴に近い叫び声をあげた。確かに不況の時代、図書館といえども聖域ではない。他の行政システム同様、波をかぶらざるを得ないだろうが、それにしても大幅すぎる。外から見る苅田町立図書館と中とでは温度差があった。行政側と住民側とにズレがあった。そのズレが今日に至ったということだろうか。結局、図書館として充実していても、住民側に支える力がなかったということだろう。それでは図書館本来の力を失っていくということだ。厳しい運営になるだろう。いったんレベルが下がると元に戻すのはかなりの時間とエネルギーを要する。このことについて苅田町の住民はどんな動きをしたのか。大きな視点を見失っていたのではないか。

これは決してひとごとではない。わが福岡市も同じなのだ。私たちの力不足もあり市民の多くを巻きこむまでに至っていない現実がある。実質的な図書館行政管理の責任者が司書専門職保持者から普通の行政マンに替わり管理体制に入った。仕方のない面もあろう。しかし、図書館を学び支えようとボランティアで運営する、図書館応援団とも自認する私たちをしめだした。行政と住民が協力して図書館行政をより多くの市民に広めようという、いうなれば地方自治をぶちこわした。普通なら自然発生的な市民グループを支援し育てるものである。うるさいものにはフタをといった前近代的、およそ民主主義とはかけ離れたお役人的発想だろう。福岡市では図書館がいかに遅れているかを自ら露呈した結果でもある。

住民と図書館、互いのあり方を考えるフォーラムは苅田町、福岡市の例をみてもより重要となってきている。三月二〇日苅田町で開かれたフォーラムには一五〇名の参加者があった。年度末ということもあり参加はできなかったが資料だけでもという問い合わせは今なおある。参加者、参加できなかったが図書館に関心を寄せる多くの人にとって、どんなに厳しい時代であっても、図書館とは何か、という宿題を抱えている。（「身」力丸世一）

〈どかんしょ22号　一九九九年五月より〉

総合図書館開館三周年に寄せて

一九九九年六月二九日、福岡市総合図書館は開館三周年を迎えることができました。

午前一〇時、「おはようございます。危ないから走らないで下さい。どうかゆっくりお入り下さい」というお願いの声で図書館の一日が始まります。一日あたりの平均入館者が四千人、うち貸出利用者が一五〇〇人、貸出冊数が六四〇〇冊と非常に多くの方々に利用していただいております。

さて、本館の特色の第一は「総合」の二文字にあります。図書・映像・文書の三部門があり、いわゆる普通の図書館と呼ばれる施設のほかに、映像ホール、ミニシアター、ビデオブース、古文書・公文書館、青少年室等を備えており、また図書館としても、こども図書館、九州国連寄託図書館、点字図書館があります。明るくゆったりした環境の中で読書や映画・ビデオ・音楽鑑賞、資料の閲覧などをしていただけるよう配慮しております。

第二は各区の市民センター内にある分館とはコンピュータと配本車で結ばれており、どの館からでも検索・貸し出し・返却ができるようになっています。このネットワークは市立施設のアミカス、少年科学文化会館、博多駅地区土地区画整理記念会館の図書室とも連結しています。

ところで、今後の課題の中でも図書館サービス網の充実をいかにして図っていくかが最も重要だと考えていますが、二〇〇〇年一月オープン予定のさざんぴあ博多（博多南地域交流センター）内にも八番目の分館ができます。七月一五日からは従来のパソコン通信に加えてインターネットによる家庭からの図書検索もできるようになります。

行財政改革の中ではありますが、生涯学習の中核施設として図書館サービスが充実していくよう精一杯努力してまいりたいと思いますのでご支援下さい。（福岡市総合図書館副館長　渋田壽子）

〈会報20号　一九九九年七月二七日より〉

ご存じですか？　分館のこと

人口一三三万人の福岡市には福岡市総合図書館（中央館）と七区にそれぞれある市民センター内の分館七館が全市的な図書館サービスの核になっています。このほかに、市女性センター（アミカス）図書室、市少年科学文化会館図書室、財団法人博多駅地区土地区画整理記念会館図書室の三施設から利用者端末を使って総合図書館や分館の蔵書検索やリクエストによる貸し出しはできます。

一九九九年一〇月一五日の市政だよりに「図書館分館の充実を図って」という投書が載りました。その内容は「南市民センター内の図書館分館を利用しています。その度に本館の総合図書館との差があまりにもありすぎるように思います。せめて、スペースの拡張や蔵書を増やすなど分館の充実を図ってください。また、移動図書館を実施してほしいのですが。（南区・男性）」というものでした。

一〇月例会で話し合い、一番身近な分館がどんな状況にあり、どのように利用されているか七つの分館について調べてみることになりました。

●東図書館について

一〇月例会の後、会員で東区在住の斉藤れつ子さんが、東図書館利用について五〇人にたずね、答えてくれた三九人の回答をまとめました。

《一年間の利用回数》

50回	10～30回	4～5回	1～3回	0回
2人	3人	8人	8人	18人

（利用回数0回の理由は、図書館が遠い、必要ない、存在を知らなかったなどです）

《利用した感想・意見》

・とにかく狭い（人がいると選べない）、もっと広く

・暗い（ゆっくりできない）、もう少し明るく
・リクエストしてもなかなか届かない（いつも貸し出し中）
・遠い（車、バス、電車を利用、交通費五六〇〜七二〇円かかる）
・駐車場が少ない（体育館、センターに行事があると路上駐車ばかり）
・本が古く少なく選ぶ段階でない、洋書がない
・子ども向けとの区別もはっきりしない
・読みたくなるような本、新しい本を入れて
・子どもと一緒に自転車で行けるくらいの所に図書館がほしい
・公民館単位で図書館を普及させてほしい
・返しに行くことを考えると本屋で買ってしまう
・貸出期間が短いから必要ない
・新刊や小学校高学年向きなどバラエティ豊かにそろえてほしい

《調査の結果から感じたこと》

今回、東図書館について皆さんの意見を求めたところ、やっぱりという感じでした。他の分館もいくつか利用してみましたが、明るくゆったりで、それに比べると、東図書館のひどさは入口もはっきりせず倉庫と同じというのが実感です。狭い、暗い、古い、遠い、不便、駐車場が足りない、これが多くの人の感想でした。地域交流センターの話は聞きますが、はっきりしないまま時間がかかりそうです。今回の調査で東区の一部ではありますが、皆さんの図書館に対する意識

が少しでも高まったのではないかと思っています。「身近にいつでも利用できる」が目標です。

（「身」斉藤れつ子）

●東区の幼稚園のお母さんたちに聞きました……聞いた人、加世田里和子（東区）

・校区・公民館単位での充分な読書スペースのある図書室・館がほしい
・歩いて行ける場所が理想
・古賀市のサンフレア古賀、新宮町のシーオーレ新宮の図書館のような施設がほしい
・見やすい本のディスプレイと検索しやすい本の配置を望む
・ゆったりとした読書スペースと施設のバリアフリーを望む
・蔵書数よりも場を大事にしてほしい
・少年科学文化会館の図書室は規模が小さいなりに選びやすさや見やすさが考えられていて行きやすい、貸出冊数の制限がないのもいい
・託児スペースやトイレの設備も充実してほしい
・文庫は地域性やイベントなど盛りこまれてよいのだが、週に一度など時間や本などに限りがあるので利用しにくい
・東図書館は入口が狭く雰囲気が暗い
・図書館は本来、本を探す場所とは思うが、自分の不得手な分野に新しい発見や興味を持つためにも、思いつくまま本を手にとってその場で読める本も検索できるのが図書館だと思う

●東図書館と私

私には小学四年、一年、幼稚園年中組の子どもがいる。県立図書館には三人連れて何度か行ったことがあるが、東図書館には上の二人は連れて行ったことがない。子連れでは行きづらく、利用しづらいからだ。住んでいる香椎浜から東図書館まではバスの便がなく、車を持っていない私は自転車で行くことになる。上り坂が多く、子どもを後ろに乗せ、二〇冊近い本を前に積んで行くと非常に良い運動になる。真夏、真冬、雨の日には行ったことがない。そのような外で遊べないときにこそ図書館で過ごしたいのだが。

また、東図書館はとても狭く、子どものスペースと一般のスペースが分けられていない。児童書の本棚に囲まれて閲覧席があり、年配の方や学生が本を読んだり、調べものをしたりしているので、子どもが少し声を出しても「しーっ、静かに」と気を使ってしまう。カーペットを敷いた幼児コーナーはあるが申しわけ程度だ。子どもがのびのびと本を楽しめる雰囲気ではない。

初めて行ったときはがっかりしたというよりも驚いた。子どものスペースに限らず全体的に貧弱な設備で視聴覚室もない。図書館というより図書室だ。これが、こんなに広くて人口何十万人の東区に一つしかない図書館なの？　という感じ。

一昨年と昨年、福岡市総合図書館で「文庫ボランティア養成講座」を受講した。初めて行ったときには、前とは逆の意味で驚いた。東京から来た講師（児童文学作家や絵本作家、子どもや本にかかわる活動をしている方たち）も同じらしく異口同音に「すごいですね」「立派ですね」「ホテルかと思いました」「さすが福岡市」などと言う。「立派でホテルのような」とは、市立図書館に対するほめ言葉になるのだろうか。市民の大多数は半日、もしくは一日がかりで高い交通費を使わないと行けないのだ。

私は他の分館には行ったことがないので知らないが、東図書館については、交通の便も悪く設備も貧弱だし蔵書も少ないと思う。また、総合図書館との格差がありすぎると思う。だが、私はまだ恵まれているほうだ。そのような図書館であるにせよ、少し大変だが自転車に乗れば図書館に行けるのだから。（東区　三原涼）

〈会報21号　一九九九年一一月二五日より〉

分館はがんばっている

1　東図書館について

・検索用パソコン一台では不足、順番待ちの人が並んでいたら落ち着いて調べられない。
・検索しても、時々検索内容のＮＤＣ分類と実際に配架してある分類が違うことがあって本が探せないことがある。
・司書さんたちはがんばっていると思う。顔なじみの司書さんには結構お世話になり、サービスを受けているほうだと思う。しかし、司書の雇用形態に問題があるようで司書の発言権が限られてしまい、現場の声がなかなか上に伝わっていかないようだ。
・小さな分館で不満もたくさんあるが、手作りの「予約の多い本リスト」「新刊書の入荷リスト」などは重宝している。そのリストを作り続けるのは大変だと思う。

・検索用パソコンで検索した際に該当冊数が何冊か表示してほしい。もし二〇〇冊の本をひろっていても、冊数が分からないとひたすら「つぎへ」を押し続けることになる。
・東図書館への道案内板がほしい。
・利用人数に対して広さ、蔵書数、新刊受入冊数などが足りないと思う。

（東区　松尾有子）〈会報22号　二〇〇〇年一月二六日より〉

2　博多区の図書館について

●博多図書館について

六〇代、男性の利用者に聞きました。

リタイヤメントシニア（停年退職者）となり、身近な図書館として博多図書館を利用しているが、
・本が少ない
・資料が古い。特に、六法全書や判例の載った物が古くて役に立たず失望した
・ビジネスマンでなくても企業関係の本、雑誌が読みたい
・趣味関連だけでなく発展的な本、啓発される雑誌もいれてほしい
・駐車場に、図書館近くの企業の車がよく駐車しているので止められないことが多い

（博多区　「身」力丸世一）

●博多駅地区土地区画整理記念会館図書室について（分館ではなく財団法人による図書施設）

・駐車場が不足（現実にはもう無理）
・場所が分かりにくい。大きな看板と道の案内板がほしい
・蔵書が古い。予算が年に一〇〇万から一五〇万と聞いたことがあるので無理もないと思う。中学校図書室の予算とあまり変わらないのですから
・ここの司書も嘱託（一人）と臨時職員（二人）とのこと。司書の身分保証がほしい
・ホームレスのたまり場となって椅子がベッド代わりになっていることも。そこで問題を起こしているわけでもなく寝ているだけだから、しめだすわけにはいかないのですが、女性や子どもには足が遠のく原因の一つになっているのも事実
・バーコードシールは張ってあるが、貸し出しはまだ変型ブラウン方式による手作業
・閉館時、返却できない。返却ポストが門扉の中にあって使えない。外に出してほしい
・分館の本も返却できるようになった。最近なったらしく、多くの人は知らないと思う

（東区　松尾有子）〈会報22号　二〇〇〇年一月二六日より〉

3　中央図書館について

●中央図書館と私

地下鉄赤坂駅から歩いて五、六分の所にある中央図書館は中央市民センターの一階で、入ると右

手が貸し出し・返却、左手が子ども用のスペースです。検索用のパソコンが一台ありますが、カードで検索したほうが早くて疲れないことを考えると併用してほしいと思います。パソコン一台では複数の人が同時使用できませんが、カードだと可能だからです。それに、腰かけてパソコン検索できるようにしてほしいのですが。私はリクエストカードで申しこんでから借りることが多いので中央図書館蔵書だけでなく、総合、西、早良図書館、それに県立図書館からも借りていることになります。中央図書館がなかったころ、薬院から築港の市民図書館まで自転車で通ったことがあります。

（中央区　「身」津田明子）

●周辺も楽しい中央図書館

図書館へはもちろん本を借りたり、読んだりするために行くのですが、寄り道が図書館へ行く楽しさを倍にしてくれます。中央図書館からはいろんなパターンの寄り道ができます。今からの季節は桜のきれいな舞鶴公園へ図書館経由で散歩してもよいでしょう。大濠公園へぬけて美術館まで足を延ばせば、にわか文化人になれます。子連れなら少年科学文化会館や「あいれふ」で遊んで帰るか、今泉のほうへ出て児童会館で過ごすのも楽しい。

私はよく、大名一丁目や二丁目の裏通りを通って帰るのですが、この辺は若者も多く、面白い店がたくさんあります。行きつけの古本屋さん、昔からの紺屋町商店街、有名なラーメン店一風堂、民家風のところがバック屋さんや洋服屋さんだったりして、ブラブラとタウンヒーリングしながら帰るのです。（博多区　奈良屋まちづくり協議会　中島芳子）

4　城南図書館について

家を決めるとき、私は図書館に近い所をと思い選んできましたので、図書館にはいつも近くて嬉しいです。現在住んでいる所は城南図書館まで自転車で一五分、中央図書館まで一五分、総合図書館まで二五分の恵まれた場所です。

私の小さいころ（福岡市に住んでいました）は学校図書館が充実していて、毎日開館していて、休講のときなど図書室で自習や読書を楽しんでいました。結婚後に行った大阪にはあちこちに図書館が点在していて、家から五分の所にも小さいけれど美しい図書館がありました。職員の方は紙芝居や影絵などができるし、地域の人たちの読書活動もさかんで、図書まつりなどがあり、生協やその他の自主グループの方々と協力して図書館の内外で読書啓蒙のための楽しい催しが年二回ほどありました。職員が親しみやすい雰囲気で接してくれ、私の知らない領域の本を紹介してくれ、とても嬉しい図書館でした。ＣＤの貸し出し、視聴もでき、また、バックグランドミュージックにも使用されていて、よい音響設備で自分の好きな音楽が流れたりして楽しかったです。

福岡も読書まつりなどが小さい地域の図書館で開催されるといいですね。本好きの人は皆喜んで手伝うし楽しいです。また、図書館の方ともっと楽しく交わりたいですね。「和して同ぜず」「親しき仲にも礼儀あり」の形で地域に根ざした図書館が楽しいですね。（城南区　「身」小田ゆう子）

〈会報23号　二〇〇〇年四月一四日より〉

5　南図書館について

南区の長住、長丘、平和地区に住む人たちに図書館の利用状況を聞いてみました。
・南図書館に登録はしているが、自分の都合で城南図書館に行く
・読みたい本がなかったのでリクエストしたが日時がかかった
・返却がどこの図書館でもできるのがいい
・図書館には行ったことがない
・女性の本ばかりだが、アミカスが便利な場所にあるのでよく利用する
・一年の間に五～八回行った（アミカス、総合図書館、城南図書館）
・総合図書館には車で行ったが駐車場に困った（バスでは時間とバス代が必要なので行けない、近くの人はいいだろうが時間的にゆっくりできない）
《要望》
・自転車や車に乗る人たちはいいが、歩いて行ける所に図書館があったらいいと思う
・「おはなし会」「読み聞かせ」など図書館行事の情報をもっと知りたい
・本は消毒されているのだろうか
・総合図書館は広いので案内係や検索の操作などにボランティアしてくれる人がいるといい
《図書館のあり方や司書の必要性》
職員のことについての意見は全く聞けませんでした。図書館は「人」だと言われているのに正

職員の数は少なく労働条件も悪い中で図書館職員の苦労は利用者には全く見えていません。利用度が少ないからかもしれません。本好きな人皆で図書館のことを考えねばならないと思いました。

《南図書館職員に聞きました》

センター図書室から区の図書館に変わったが、新本を入れるとき古い本を置く書庫がない。書庫のない図書館では図書館といえない。生き生き運営するためにはやりたいことがいっぱいあるが、がんばるほど仕事が増え職員に負担がかかる。今は利用者の対応に追われているだけ。もっと正職員が増えてほしい。（南区「身」梅田順子）

〈会報24号　二〇〇〇年七月一二日より〉

6　早良《さわら》図書館について

私は早良区の飯倉《いいくら》に住んでおりましたので、西新の早良図書館まではちょうどよい散歩コースといった感じで、仕事が休みの日にはよく行っていました。体調がいいときには、百道の総合図書館まで足を運んでいたので、図書館の環境には大変恵まれていたと思います（その分、博多図書館が物足りなく感じますが）。

早良図書館は新入荷の「ご案内」を分かりやすく掲示してあったり、今月の予約本ベスト一〇を書いて貼ってあったりして、本を選ぶ楽しさがありました。本棚の脇に著者の紹介記事（新聞のコピーなど）を貼りつけてあったりして司書の方の工夫が見られました。ただ、本を返すのに車で行ったりすると、周りの交通量が多く駐車できず不便なこともありますが、利用してる皆さんは、うまく総合図書館と使い分けているような感じで、私が行くときはいつも、そんなに混んでることもなく居心地のよい図書館でした。（現在博多区在住　野田礼）

7　西図書館について

西区は区域が広く、その上、図書館は端のほうに位置しているため利用しにくい人が多いです。JRとバスを乗り継いで来たり、バスで四〇分もかけて図書館に行こうという気にはならないと言います。総合図書館に近い区域の人たちはバスで五分という利点から、そちらを利用しますが、その区域は西図書館にも近いのです。西図書館は利用できる人が限られていると思います。

（西区　「身」桐原美枝）〈会報24号　二〇〇〇年七月一二日より〉

8　分館について

博多区の図書館が遠いので、近くは中央図書館、用事のついでには西図書館をよく利用します。本の返却に便利です。分館の本は少ないので借りるのは文庫か総合図書館に行きますが、郷土の本などは総合図書館では貸し出しできないのが、分館では貸し出しできたりするので分館の郷土コーナーはよくのぞきます。こじんまりしていて総合図書館よりは疲れない。返却は、駅などにポスト

福岡市東図書館　福岡市東区香住ケ丘一丁目12番1号　東市民センター内

東区人口 264,487人 蔵書数 58,587冊

昭和52年7月16日開館／335m^2（1階）

事業活動　毎週土曜日：どようおなはし会

毎月第2、4土曜日：小学生のためのどようおはなし会

平成10年7月4日（土）：七夕会

12月12日（土）：クリスマス会

福岡市博多図書館　福岡市博多区山王一丁目13番10号 博多市民センター内

博多区人口 174,584人 蔵書数 62,930冊

昭和58年8月26日開館／500m^2（3階）

事業活動　毎月第1土曜日：工作教室

毎月第2、4土曜日：お話し会

毎月第3土曜日：おりがみ教室

毎月第1、第3水曜日：手作り布の絵本の会

平成10年6月27日（土）：たなばた会

8月8日（土）：おばけのおはなし会

12月19日（土）：クリスマス会

平成11年2月27日（土）：ひなまつり会

福岡市中央図書館　福岡市中央区赤坂二丁目5番8号 中央市民センター内

中央区人口 145,711人 蔵書数 54,307冊

昭和55年3月23日開館／450m^2（1階）

事業活動　毎週土曜日：土ようおはなし会

平成10年10月2日（金）～11月6日（金）：

布の絵本づくり講習会

福岡市南図書館　福岡市南区塩原二丁目８番２号　南市民センター内

南区人口 242,000人 蔵書数 72,440冊

昭和53年７月22日開館／453m^2（１階）
事業活動　毎週土曜日：子どもおなはし会
平成10年４月29日（水）：子どものつどい
　　　12月23日（水）：クリスマスのつどい

福岡市城南図書館　福岡市城南区片江五丁目３番25号 城南市民センター内

城南区人口 124,899人 蔵書数 58,789冊

昭和59年８月１日開館／512m^2（１階）
事業活動　毎週土曜日：土ようおはなし会
平成10年５月10日（日）：春のおはなし会
　　　11月29日（日）：冬のおはなし会

福岡市早良図書館　福岡市早良区百道二丁目２番１号 早良市民センター内

早良区人口 202,618人 蔵書数 55,799冊

昭和57年２月14日開館／480m^2（２階）
事業活動　毎週土曜日：土よう子どもおはなし会
毎月第３土曜日：おりがみきょうしつ
平成10年12月19日（土）：クリスマスのつどい

福岡市西図書館　福岡市西区姪浜町957-1　西市民センター内

西区人口 163,236人 蔵書数 58,072冊

昭和63年3月1日開館／491m^2及び
　　児童図書室99m^2　計590m^2（１階）
事業活動　毎週土曜日：土よう子どもおはなし会
毎月第２土曜日：小学生のためのおはなし会
平成10年５月２日（土）：こどもの日おはなし会
　　　11月21日（土）：10周年おはなし会スペシャル
　　　12月19日（土）：クリスマスおはなし会

（「平成11年度　福岡市総合図書館要覧」を参照）

だけでもあると便利になると思います。文庫活動もしていますが、分館単位で文庫の集まりや講習会があったらいいと思います。（博多区　奈良屋まちづくり協議会　中島芳子）

〈会報22号　二〇〇〇年一月二六日より〉

久山町民図書館を見学

昨年（一九九九年）一二月七日、一〇月にオープンしたばかりの福岡県久山町民図書館を見学しました。人口七五〇〇人の町でこの規模（広さ八〇〇平方メートル、蔵書数五万冊）の図書館がオープンしたことに、いいなあと思いました。福岡市の人口にあてはめて比較してしまいました。この図書館が小中学校の図書室とインターネットで結んでいる点も特筆すべきことです。「各地の図書館を見学してまわって、それらの長所を取り入れました」との説明に、なるほどと思う点がありました。館内に車椅子が配置してあることなどです。

図書館で借りた本をお茶を飲みながら読書できる部屋が建物の中にあり、三面採光のガラス越しに風景も楽しめる、日のあたる部屋でした。「家庭ではお茶を飲みながら読書するでしょう」という図書館員の説明に思わず「なるほど」。建物の中にはホール、レッスン室、和室などあり、利用中の部屋もありました。乳幼児と母親のための育児教室の行事が行われていました（三〇人ぐらい参加）。

採光の良い館内、木の香りも新しい図書館、行きたくなる図書館の一つです。(「身」津田明子)

〈会報22号　二〇〇〇年一月二六日より〉

1999年12月、開館したばかりの久山町立図書館を見学

祝開館、博多南図書館

複合施設「さざんぴあ博多」内に、福岡市総合図書館八番目の分館として新しく博多南図書館が開館します。床面積約五六二平方メートル、蔵書数約六万冊。

雑餉隈地域交流センターの計画段階で、私たちの会では図書館の設置を、そしてその図書館は各市民センターにある分館と同じ位置付けにしてほしい等、要望書を市長、教育委員会、市民局に提出しました。今回、総合図書館の八番目の分館として開館することに感慨を覚えます。

「図書館はいま、図書の館《やかた》にとどまっていない。本を読まない人も気軽に出かけ、思い思いに時間を過ごすことができる。（中略）図書館は本に出会い、人に出会うところだ。人と人との出会い、求心力はそこから生まれる」（『図書館の明日をひらく』菅原峻著、晶文社より）。地域に住む人々の心を一つに結び、地域のありようを支えるものが求心力であり、その求心力はどこにあるか、いうまでもなく、図書館であると書いてあります。私たちも利用することで図書館を支えていけたらと思います。（「身」力丸世一）

〈会報22号　二〇〇〇年一月二六日より〉

待望の博多南図書館を見学

二〇〇〇年一月三〇日、私たちの切なる願いの「身近な図書館」の一つが、博多区雑餉隈地区に開館し、当日はニコニコ顔の人たちであふれかえりました。淡いベージュの色調でまとめられた明るく落ち着いた館内に、まずはホッとしました。真新しい六万冊の本や雑誌、特に児童書が充実しているように感じられ、この辺りの子どもたちは幸せだなぁーというのが第一印象。ただ、何といっても図書館は外から、ふらーっと「入ってみようかな」という雰囲気も大事です。なぜ二階に？と疑問に思いましたが、デイサービスを一階にしたのでという図書館員の説明に納得。

一日平均一千人の利用者に職員はてんてこまい、三月八日現在二七〇〇人の人たちが登録済みとのこと。今まで博多図書館が遠くて、利用しにくかったこの地区の人たちにとっては、待ちに待っていたというところでしょう。ベテランの司書の方を初め職員の「こんにちは」「ありがとうございます」の心のこもった挨拶も、利用者の多い一因だと思います。幸いにも私は歩いて一〇分ほどの所に住んでいます。書架の間をぶらつき面白そうな本を物色する楽しみを味わったあとは、すぐ近くの野菜や魚などが安い市場や銀天町アーケードで買物をして帰宅します。これこそが長年、夢見ていた私にとっての図書館です。地域に密着した住民のための図書館です。

市内には総合図書館を初め、各分館にさえ遠くて日常的に利用できない方たちがたくさんいます。私たちだけがこんなに良い思いをして「悪いなー」と、つい思ってしまいます。小規模でもいいから、早くこんな分館が市内のあちこちにできることを願います。（「身」宮本真弓）

〈会報23号　二〇〇〇年四月一四日より〉

第四回フォーラム「住民と図書館」

二〇〇〇年五月二七日、志免《しめ》町生涯学習一号館を会場に第四回フォーラム「住民と図書館」が開かれました。約一六〇名の参加がありました。

午前中は、地元の方たちの「桜太鼓」で幕をあけ、佐賀県立女性センター「アバンセ」副館長の北島悦子氏（前佐賀県三日月《みかづき》町立図書館長）による「二一世紀は図書館の時代」のテーマで基調講演（七〇分）がありました。

午後は三分科会に分かれ、二時間、熱心に討議がなされました。第一分科会「やっぱり図書館」は北島悦子氏がアドバイザーに。第二分科会「みつめよう学校図書館」では夜須《やす》町立三並《みなみ》小学校司書の平嶋正子氏が事例発表し、小津和広昭氏（福岡県教育庁教育振興部義務教育課指導主事）と津上正幸氏（前福岡県立図書館企画協力課長）がアドバイザーになりました。第三分科会「ＮＰＯ図書館ってなあに」では児玉昌道氏（宮崎シティライブラリー理事長）がアドバイザーに。

第一分科会では、基調講演に引き続く北島氏のお話はとても分かりやすく実践的で、図書館の必要性を感じられた方が多かったのではないでしょうか。

第二分科会では、学校図書館における夜須町の先進的な実践に、やればできるのではと思った方、多かったのではないでしょうか。

第三分科会には、ＮＰＯで図書館運営できるの？　プライバシーはどうなるの？　公共図書館とどう違うの？……と、参加者は不安、期待などさまざまな思いで集いました。結論としては、当事者との認識のズレに、かえって図書館をもう一度きちんととらえ直さなければ大変なことになると感じたのではないでしょうか。

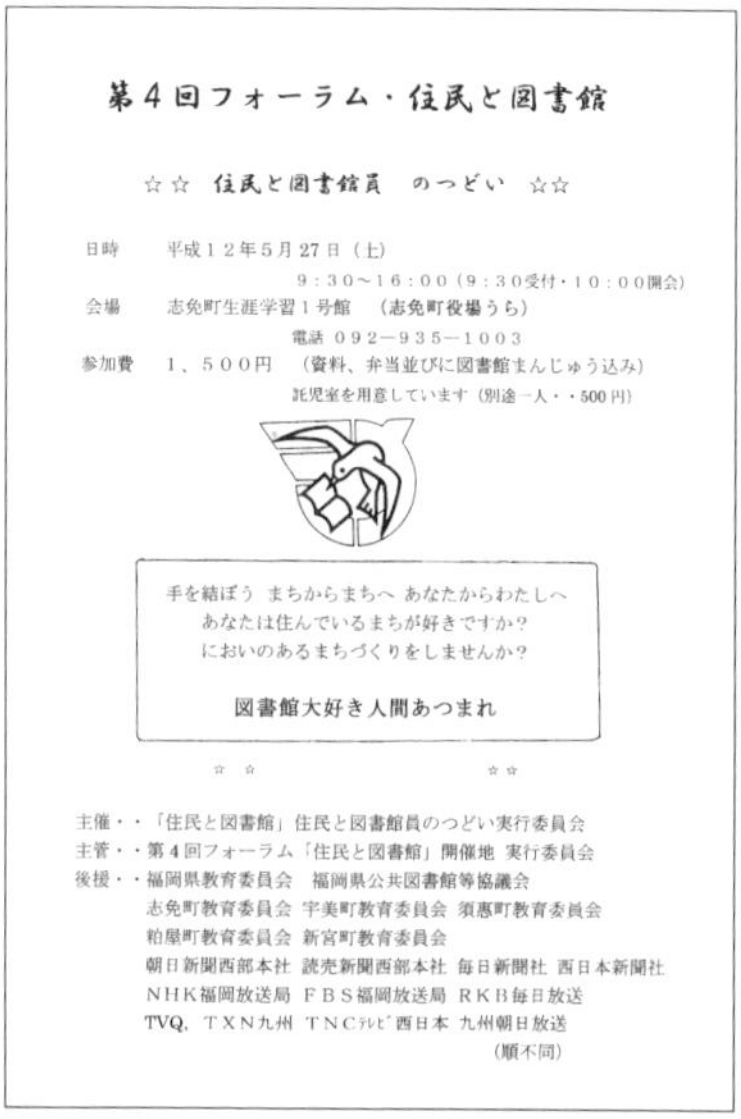
第４回フォーラム・住民と図書館

☆☆　住民と図書館員　のつどい　☆☆

日時　平成１２年５月27日（土）
９：３０〜１６：００（９：３０受付・１０：００開会）
会場　志免町生涯学習１号館　（志免町役場うら）
電話　０９２−９３５−１００３
参加費　１、５００円　（資料、弁当並びに図書館まんじゅう込み）
託児室を用意しています（別途一人・・500円）

手を結ぼう　まちからまちへ　あなたからわたしへ
あなたは住んでいるまちが好きですか？
においのあるまちづくりをしませんか？

図書館大好き人間あつまれ

☆☆　☆☆

主催・・「住民と図書館」住民と図書館員のつどい実行委員会
主管・・第４回フォーラム「住民と図書館」開催地　実行委員会
後援・・福岡県教育委員会　福岡県公共図書館等協議会
志免町教育委員会　宇美町教育委員会　須惠町教育委員会
粕屋町教育委員会　新宮町教育委員会
朝日新聞西部本社　読売新聞西部本社　毎日新聞社　西日本新聞社
ＮＨＫ福岡放送局　ＦＢＳ福岡放送局　ＲＫＢ毎日放送
TVQ、ＴＸＮ九州　ＴＮＣﾃﾚﾋﾞ西日本　九州朝日放送
（順不同）

分科会も充実した第4回フォーラム

この後、各分科会から報告がなされました（五〇分）。一六ページの報告集ができています。今回の開催地実行委員の皆さんは、開催地の志免町を初め粕屋郡内各町でさまざまな地域活動をし地域に根をはっておられる方たちで構成されています。（「身」力丸世一）

〈会報24号　二〇〇〇年七月一二日より〉

時には原点に立ちかえって　『市民の図書館』再読

『市民の図書館　増補版』（日本図書館協会）より抜粋しました。

＊市立図書館は全市民に奉仕する

「市立図書館は、市民の税によって設置運営されている。当然全市民に奉仕しなければならない。全市民への奉仕というのは単なるかけ声ではなく、またタテマエだけのものではない。文字通り全市民に対して奉仕すべき義務を図書館は負っており、市民一人一人は図書館に資料の提供を要求する権利を持っている」

＊市立図書館は一つの建物ではない

「市立図書館が、全市民にそのサービスをひろげるためには、単に一つの建物でなく、本館、分館、移動図書館からなる一つの組織でなければならない。全市に張りめぐらされたサービス施設のどこでても、市民の要求を受けとめ、そこで解決しないときは本館に要求を伝える。本館では組織全体の施設の中から求める図書をさがしだし、それを利用者に提供する。このように図書館全体の資料があらゆるサービス施設の間を流れ、あらゆる資料がすべてのサービス地点で使われる組織を作りあげたとき、はじめて図書館が市民全体のものになったということができる」

＊市立図書館の仕事

「資料の提供という公共図書館の基本的機能は、貸出しとレファレンスという方法であらわれる」

福岡市の場合、未だに図書館は「全市民に対して奉仕すべき義務」を果たしているとは思えません。図書館行政の幹部に司書資格を持つ人がいないからではないでしょうか。管理運営にあたる方は、せめて『市民の図書館』に目を通していただきたいものです。（「身」柴田幸子）

〈会報25号　二〇〇〇年一〇月五日より〉

福岡県粕屋町立図書館を見学

ＪＲ長者原《ちょうじゃばる》の駅から二分との案内に、今年（二〇〇〇年）四月オープンしたばかりの粕屋町立図書館を訪ねた。広さ一九〇〇平方メートル、蔵書七万冊。炎天下の七月一九日は皆さん用事が重なり会員は三人となった。

役場と並んで町の中心部に位置して、開館前から数人が日陰で待っておられた。明るくゆったりとした館内は、木製の車椅子なども置かれて、書架、テーブル、和室の掘りごたつ式の長机、返却用の足元の木製ボックスなどは、天童市から取り寄せたという親しみ易いものである。ビデオコーナーも人気のようで、子どもコーナーには読み聞かせが楽しくなるような半円の階段スペースもあり、朝から乳母車を押してゆっくり本を探すお母さんが目につく。町民の多くの方の憩いの場所になっているのを実感する。二階は歴史資料館と映像装置もある小ホールが併設されていて、一階の研修室もクラフト教室やいろいろに利用されて、希望が多いという。皆さんに期待される図書、コミュニティ館として活躍している。

来年四月から広域利用ができるようになり、福岡市民も多少の規制はあっても借りられるようになる。このように利用しやすい図書館ができたのは、設計段階から住民参加（図書館活動をしている団体）で三年間の準備期間と人口三万五千人の小回りのきく町だったからだけだろうか。

町の人の一つの流行とステータスともなっているグリーンのバックは貸し出しカードも入れられるポケット付きで個人の持ち物として人気のＰＲグッズとなっている。（「身」斉藤れつ子）

〈会報25号　二〇〇〇年一〇月五日より〉

武雄《たけお》市図書館を見学して

昨年（二〇〇〇年）一二月六日、一〇月一日に開館したばかりの武雄市図書館「エポカル武雄」の見学に行きました。JR武雄温泉駅から歩くこと一五分、片流れの大屋根の図書館とその手前に抱き合わせで造られたレンガ造り（オランダ製レンガだそうです）の蘭学館（歴史資料館）とが見えてきました。広々一〇〇台の駐車場がありました。おまけに、道路をはさんで「ゆめタウン」があり、買物ついでに図書館に足を運べることもGOODな条件です。駐車場の相互利用についても「ゆめタウン」に了解いただいているそうです。

さて、建物の中に入ると、左側が蘭学館。入口近くには、パソコン四台のある情報センターがありました。右側が図書館です。案内されてお話をうかがった部屋は「ボランティア室」。専用の部屋があるなんてスゴイ。それは市民五～六人を含む建設検討委員会が一九九六年から一四回にわたる協議を重ねて設計されたという「たまもの」です。その他にも、壁面総ガラス張りで、自然に囲まれた中、ひなたぼっこしながら読書できる畳敷きスペース（掘りごたつのように床を掘り下げてある）や「おはなしのへや」などもありました。また、子ども用の椅子は、菅原峻先生のお薦めで北欧から取り寄せたものだそうです。

吹き抜けの天井には、明かり取りからの光を和らげる日よけがあり、和風で素敵な雰囲気をかもしだしています。ただ、ちょっと天井が高すぎて冷暖房費がかかりすぎるのではと感じました。蔵書はビデオ・DVDを含めて八万冊。面積は一一四〇平方メートル。総工費二六億円。三万五千人の人口で、開館の日には五五〇〇人、今でも土・日には二千人もの来館があるそうです。

係の方のお話をうかがいながら、「市民のための施設だから」と利用者の声を真摯に受け止め、改善していこうとされる姿がよく分かり、素晴らしいと思うと同時にうらやましくも感じました。

（小久井明京美）〈会報26号　二〇〇一年一月一六日より〉

やらな文庫だより（1）

二〇〇一年四月から博多小学校の新校舎での運営が始まります。その博多小学校の地域開放のために、旧四校区（奈良屋、大浜、御供所《ごくしょ》、冷泉《れいぜん》）の三六名で学校開放運営準備委員会が発足しました。開放事業がスタートする五月には自主管理のための施設開放委員会事業が一四名で確立の予定です。開放施設は体育館、運動場に加え特別教室と図書室で、それぞれの開放部会が管理運営をします。やらな文庫（これまで奈良屋公民館を拠点に文庫活動をしてきました）の運営メンバーも図書館ボランティアとして図書室開放部会に参加していきます。

図書室開放は当面、土曜日一三時から一七時まで、日曜日一〇時から一五時までの開館とし、利用対象者も博多部住民となる予定です。地域に開放のエリアは六〇平米（一教室分ぐらい）、最大で二八〇〇冊の蔵書配架が可能で、うち一千冊は総合図書館からの団体貸し出しシステムを利用する予定です。

現在、この開放図書室の世話人を募集しています。司書の資格をお持ちで、かつ福岡市初の試みである開放図書室を素晴らしいものにしていきたいとお考えの方に担当してもらえたらと願っています。それと共に、学校図書館にも司書配置を希望いたします。

図書館大好き人間の熱意でやっとここまでの形が見えてきました。これからも多くの方の支援、協力をお願いします。（奈良屋まちづくり協議会　中島芳子）

〈会報26号　二〇〇一年一月一六日より〉

博多南図書館オープン一周年　利用者に意識調査をしました

博多南図書館は二〇〇一年一月三〇日で開館一周年を迎えました。開館当時、「便利になりましたね」「またお会いしましたね。いろんな方にお会いでき毎日が楽しみ」「わたしんち、この上にあるんです。毎日一番にここに来て、何種類もの新聞に目を通すのが日課でね」。そんな会話があち

「博多南図書館」に関するアンケート結果報告　2001年3月

1　調査期間……平成13年３月１日～平成13年３月15日
2　調査場所……博多南図書館内
3　調査対象……ご利用者　116名の方からご協力いただきました。

1）あなたは？　おとこ・おんな

21%	79%
▲男	▲女

2）あなたのお年は？

0～10	10代	20代	30代	40代	50代	60代	70代	80代	90代
28人	16人	9人	27人	18人	7人	2人	7人	1人	1人
24%	14%	8%	23%	16%	6%	1%	6%	1%	1%

3）図書館の利用は？

週１回	週２回以上	月１回	月２回	たまに	その他
32人	18人	12人	26人	24人	4人
28%	16%	10%	22%	21%	3%

4）どの時間帯にご利用されますか？　＊複数回答

午前	午後	夕方
23人	78人	20人
19%	64%	17%

5）閉館時間はいかがですか？

現状（午後6：00）	午後7：00まで	午後8：00まで	その他
51人	31人	31人	3人
44%	27%	27%	3%

6）お仕事は？

学生	主婦	会社員	自営業	無職
41人	34人	21人	5人	15人
35%	29%	18%	4%	13%

7）休館日は？

適当	その他
91人（78%）	25人（21%）

8）図書館利用の目的は？
＊複数回答

本・資料を借りる	89人	77%
新聞・本を読む	35人	30%
待ち合わせ	3人	3%
その他	1人	1%

調査・身近に図書館がほしい福岡市民の会

こちで交わされるのを何度も見かけました。子育て中の母親は図書館で、本だけでなく仲間にも出会うことによりグループを作り、それをさらに発展させ情報を発信しています。暮らしの中に図書館がしっかりと根付いているようです。

私たちの会では利用者の意識調査をアンケートという形で行いました（アンケート結果は右頁参照）。自由記載のところは、意見が多くありましたのでほぼそのまま掲載しました。

〈〇〜一〇歳〉

・本をもっともっと種類を増やしてほしいです。
・いつもいろいろの本を見せてくれてありがとうございます。
・午後七時までにすればもっと本を読めるし、後で借りにくるお客さんにも良いと思う。
・図書館でも人形劇をしてほしい。
・本がどこにあるか分からないときに使うコンピュータを、あと一台増やして下さい。
・いろいろなことを勉強したいから本を増やしてもらいたいです。
・もう少しミステリーな本を出してほしいです。
・もうちょっとマンガの本がほしい。
・テレビ・アニメの本も増やしてほしい。その場で読めるスペースがもう少しほしい。

〈一〇代〉

・学校帰りに行くのでもっと遅くまで開けておいてほしい。

・楽しい本があるからいい！
・他の図書館よりちょっと本の数が少ない。
・いい本がそろっていて良いと思うけど、物語別に置いてあったら良いなとも思います。
・本を借りているときに他の本を借りて良いのか分からない。
・無理かもしれないけどビデオも借りられるようにしてほしいです。
・係員の人もやさしく声もかけやすい。
・いろいろな本が置いてあるので良いと思う。

〈二〇代〉

・チャイルドルームにおはなし会の予定日を張り出して下さい。おはなし会を平日午前中やってほしい。
・ちょっと興味がありますので図書館で働くにはどうしたらいいか教えてほしい。
・暖房がききすぎていて少し息苦しく思うのですが……。
・市民センターの図書館の中には交通の不便なところがある（東市民センターなど）ので、これから図書館を設置するときは、もっと多くの人が気軽に利用可能な場所に設置してほしいと思います。その点さざんぴあ博多は立地環境、交通の便とも良い場所ではないかと思います（「身近に図書館がほしい福岡市民の会」の会報を各市民センターなどに置いてほしい）。
・読み聞かせの曜日を水曜日など平日にしてほしいです。
・閉館の時間を遅くしていただきたい。

〈二〇代〉

・小説などハードカバーの本の内容（あらすじ）が分かるように帯を表紙裏に張り付けてほしいです。あるいは新聞雑誌などで紹介された文章でいい。どんなあらすじか分かりにくいので短時間で本が選べずイライライライラ。

・検索機がもう一台あれば便利。子どもが走り回っているのでそれは注意してほしい、というか止めさせるべき（あまりうるさければ自分で注意してますが）。時間延長は必ずお願いします。

・以前は博多図書館に行っていたのですが駐車場がいつもいっぱいで不便でしたのでとても便利になりました。主婦雑誌をもう少し置いて下されば嬉しいです。

・天神や博多駅近くに図書館を、とは申しませんが返却できるところがほしいです。イムズや地下鉄駅でできるのでは。

・「主婦の友」とか「すてきなおくさん」とかの月刊誌があればいいな。

・司書の方、経験を生かして学校などにも出向いてもらえませんか？

・毎週月曜日休みなのを他の曜日に変えてほしい。月曜日、市内全部の図書館が休みなのは困る。公共施設ほとんどすべてが月曜日休みというのは変。学校が月曜休みのとき行く場所が限られてしまう。

・九州大学図書蔵書も貸し出しされるようになったそうですが、検索キーで調べ、知ることは可能ですか？

・平日に本の読み聞かせをしてほしいです。

・子ども（幼児・低学年）にも使えるパソコンを置いてほしい。
・とてもきれいで本もきれいで良いと思う。
・図書館入口近くは喫煙スペースでなく禁煙スペースにしてほしい。子どもも利用するし、本の近くで火の気があるのは怖いです。品揃えに関しては今は満足しています。
・ビデオが見られるコーナーがほしい。
・専門書などじっくり読みたい場合など、貸出期間が二週間では短すぎる。返却後、再貸し出しの手続きも面倒なので、長期貸出制度などを設けたらどうか。
・いろいろの分野の本が見られて、自分の世界が広がっていくようで図書館は私にとってユートピアです。
・子どもに読み聞かせる本を紹介するコーナーがあるといいと思います。

〈四〇代〉

・リクエストにいつも迅速に対応していただいて助かります。司書の方も大変親切です。
・利用する人のマナーがもう一つ（携帯使用とか大きな声でおしゃべり）。カウンターの人もスマイルアップを。おはなし会をする部屋がほしかった（このフロアーに）。
・明るくて清潔でとても感じがいい。でも、図書館のわりには子どもの泣き声、走り回る騒がしさがいつ来ても嫌です。親は全く注意する様子さえない。急いで本を見つけあわただしく帰っていきます。
・開館時間をできるだけ長く。早朝から深夜。休日をできるだけ少なく。

・主婦向けの雑誌などもっと増やしてほしい。
・他の図書館ではＣＤとかも借りられると聞きました。あと読んでみたい新刊書を指定できるとか、新刊書の一覧表をもらえるとかあったらいいのにと思います。
・館内が騒がしすぎる。特に子ども。うるさくて読書ができない。
・館内が美しくとても選びやすい。
・子ども連れがにぎやかなので部屋を別に作ってほしい。図書館員が静かにするように注意すべきだ。
・年末年始は開けてほしい。
・月曜日を開館にしてほしい。
・子どもの本はとてもたくさんありますが、大人の本の専門書をおいてほしい。閉館時間をもっと遅くすることで利用者も増えるのではないでしょうか。

〈五〇代〉

・新しい本が多く気持ちよく読ませてもらってます。職員さんの応対も適切で感じが良い。
・週刊誌、例えば「ポスト」「現代」なども置いてほしい。写真が多少刺激的だが内容はまじめ。ただ、娘がいる家庭には持ち込みづらい。
・日本語週刊ニューズウィークを入れて下さい。お願いします。

〈六〇代〉

・ご苦労ですが交替勤務としてでも利用可能な時間と日を増やしてほしい。職員も日曜日に休みたい人もおられるのではないでしょうか。過去の新聞の縮刷版など資料も逐次増やしてほしい。視聴覚資料も。カルチャーセンターとして区民の要望をくみ取って施設・内容の充実を図っていただきたい。職員の明るい親切な応対に感謝してます。

〈七〇代〉

・親切で好感が持てる。

・ここに図書館ができ幸せです。

・土・日曜の開館時間を午後八時までにしていただくと大変ありがたく思います。

・読書中に子どもさんがうるさいです。主婦の方が子どもの本借りとか、自分の本を借りに来ているのでしょうが、子どもたちは他の子どもと大きな声でやかましい。他館ではこんなことは無いです。保育園、幼稚園ではないのだからしつけるように。

・博多南図書館ができて大変便利になりました。大変幸せです。感謝。

・検索機をもう一台。できれば座りたい。

〈八〇代〉

・こちらの館員さんは皆やさしいので助かっています。よその館員さんもやさしいけど。怖い人がいないのでなにより嬉しく思っています。

〈年代不明〉

・閉館時間をもう少し遅くすると利用する人が増えるのでは。

アンケートに回答してくれた年代をみると親子（幼児）連れが約半数です。「学生」といっても大半が小学生でした。会社員や一〇代後半の人たちの声は限られたものだと思います。利用したくてもできない、この格差是正は行政にも要望したいと思います。また、博多南図書館は西鉄、JRともに便利な交通の要所にあり、それだけに開館時間（現在は午後六時閉館）の延長を望む声はこれまでも多くあり、アンケート結果に裏付けられたと思います。おはなし会への要望もかなりありました。

アンケートの実施期間が一日から一五日と短期間であったこと、アンケート用紙は図書館内の特設机一ヵ所だけだったこと（外階段からの入館者には気がつかなかった人が多かったようだ）など反省することもありましたが、アンケートへの協力にお礼申し上げます。

〈会報27号　二〇〇一年三月二九日より〉

四月から二二市町村図書館の広域利用ができます

福岡市、筑紫野市、春日市、太宰府市、大野城市、古賀市、那珂川《なかがわ》町、粕屋町、志免《しめ》町、篠栗町、新宮《しんぐう》町、須恵《すえ》町、久山町、宗像《むなかた》市、福間町、玄海町、津屋崎町、前原市、二丈《にじょう》町、志摩町、宇美《うみ》町、大島村の二二市町村で図書館の広域利用ができます。

図書ほか資料を借りる場合は、各市町村ごとに利用者カードが必要です。貸し出し図書などの貸し出し要綱がそれぞれに違います（冊数、期間など）。そして、借りた図書や図書資料は必ず、借りた図書館へ返却しなければなりません（福岡市内では総合図書館および分館での貸し出しの場合は一部を除き最寄りのところで返却可能）。

確かに便利になりましたが、やはり身近に「私の図書館」があることが望まれます。これからも日常生活の延長上にいつでも利用できる図書館がほしいと言い続けましょう。

〈会報28号　二〇〇一年六月六日より〉

やらな文庫だより（2）

待望の博多小学校地域開放図書室のオープンは二〇〇一年六月二日（土）午後一時と決まり、総合図書館での、団体貸し出しのための選本作業も終わりました。学校の施設を地域に開放していただき、その運営を地域が行うという、福岡市で初めての試みがもうすぐ始まろうとしています。やらな文庫もこの開放図書室のボランティアの一員として、また、開放図書室部会の委員として、今年も活動していきます。この図書室の準備に際しては、教育委員会、総合図書館、各区図書館分館に多大なご協力をいただきました。図書館としての見地からいえば、公立でないという点でたくさんの問題をかかえていますが、それでも、恵まれた建物と世話人に司書資格のある方に来てもらえたのは、ありがたいです。また、一歩を踏み出すときに、伊藤忠財団の子ども文庫助成申請が三回目でやっと認められ、喜びにたえません。助成金の贈呈式は三月に東京で行われました。出席した文庫代表の北凪さんは「全国からたくさんの応募がありましたが、その中から、やらな文庫が選ばれたということは、私たちの活動に誇りを持っていいことであり、改めてしっかりやっていこうという気持ちになります」と語っていました。

この地域開放図書室は、規定では博多小学校区の住民しか貸し出しできません。これにはさまざまな理由がありますが、まずは私たちの運営をしっかり整えることが第一だと思っています。そして、福岡市全体からみれば、博多小学校区の人数などほんの一握りですが、それでもこの人たちだけでも近くで本が借りられることを、喜んでほしいと思います。

オープン記念として六月九日（土）午後七時より博多小学校「表現の舞台」において、佐賀県立女性センター「アバンセ」副館長、北島悦子さんの講演会「地域に生きる——図書館を楽しもう——」があります。

なお、貸し出しは七月以降です。大人向け図書、児童書、絵本など約一五〇〇冊を揃えています。

（奈良屋まちづくり協議会　中島芳子）〈会報28号　二〇〇一年六月六日より〉

博多小学校地域開放図書室だより

二〇〇一年七月の夏休みから本の貸し出しが始まりましたが、システム的に確立していくにはまだまだ時間がかかりそうです。これまでのことをお知らせします。

四月の段階では、開放図書室のボランティアさんが集まってくれるかどうか心配しました。最悪、誰も応募がないときは、世話人（司書）とやらな文庫のメンバーでがんばるしかないと相当な覚悟で臨みましたが、蓋《ふた》を開けてみれば三八人のボランティア登録があり、ローテーションも今のところ順調にいっています。年齢は中学生から八〇歳までと幅広く応募してくれました。これは、四地区の公民館が「公民館だより」で広く呼びかけて下さったことや、学校図書館という拠点と世話人（司書）というコーディネーターがいることが、ボランティアをする側からみると楽しく、負担なくできるという、ボランティアの本質そのままの条件が整ったことによると思います。

五月からの作業（バーコード貼り、登録作業、シール貼り、フィルムカバーかけ）に一丸となって取り組み、本に関してほぼ作業が完了しつつあります。コンピュータ操作やカバーかけなど新しいことも習い、シルバーの方も大奮闘です。これからは、おはなし会の立ち上げなど考えていきたいと思っています。

夏休み中に子ども向けの開館記念行事をしました。低学年は「石に絵を描こう」、高学年は「Tシャツに絵を描こう」というテーマで造形教室をしました。参加者はあまり多くはなかったのですが、思い思いの作品ができあがり喜んで帰る子どもたちの笑顔こそ、図書室の宝物です。会場は特別教室を使いましたが、図書室のすぐ近くに図工室や理科室などの特別教室があり、地域開放されていて〝使える〟というのは、これから先もさまざまな可能性が広がり、面白い企画ができていくでしょう。

ところで、本の二千冊なんて棚に並べてみると、ほんのちょっぴりなのには驚かされます。もっともっと充実させて楽しい図書館になるよう、皆さんに応援していただきたいと思います。

〈奈良屋まちづくり協議会　中島芳子〉〈会報29号　二〇〇一年九月三日より〉

図書館運営審議会に期待する

福岡市総合図書館条例第一八条には「総合図書館の運営に関する事項を調査審議するため、福岡市総合図書館運営審議会（以下「審議会」という）を置く。審議会は、総合図書館の運営に関し館長の諮問に応じるとともに、館長に対して意見を述べるものとする。審議会の委員の定数は、二〇人以内とする（以下略）」（「福岡市総合図書館要覧」より）とあります。

市民の動向、意向を図書館の運営に反映させるために設けられた審議会、今どんな働きをしているのでしょう。あまり市民の前に明らかになっていませんが、一三四万市民にとっては気がかりなところ。市民の図書館です。図書館は市民を育てると共に、図書館も市民の支援なしには成り立っていかないものでしょう。市民にとって一番身近な存在、それが図書館のはずです。どんなことが話し合われ、どんな意見が出ているのか、図書館と共に発信し続けることで市民の関心が向く、と思います。

図書館が市民の支持を得て活発に利用されている一方で、まだまだ日常的に利用できる図書館がない、一度も行ったことがない、図書館を知らない、という市民も多いのです。入口の部分にさえ到達できていないのです。私たちは会の発足時から、審議会メンバーに加えてほしい、と願い続けていますが今もってかないません。これからも市民や図書館員と交流しながら福岡市の図書館について提言を行っていきたいと思います。（「身」力丸世一）

〈会報29号　二〇〇一年九月三日より〉

第五回フォーラム「住民と図書館」イン糸島

これまでのフォーラムは柳川市、福岡市、苅田《かんだ》町、志免町と図書館がある地域での開催でした。今回は糸島地区一市二町で開催地実行委員会を結成、初めて図書館のない地域での開催です。開催地の前原市（移動図書館車二台で市内を巡回、貸し出し実施中）と、二丈町、志摩町には図書館はありません。

そうした中で、図書館をどのようにアピールしたらいいのか。また一方で全国的にも図書館のモデルと見られていた苅田町立図書館は、今、大変な危機の中にあります。資料費半減さらに職員削減という厳しい状況です。また、一〇〇％税金で建設・運営していた図書館なのに気がつけば民間会社に運営が委託されていた筑紫野市。

図書館を巡る状況には厳しいものがあります。私たちの福岡市の状況はどうでしょう。各分館で、司書専門職を持った係長が館長となったことで運営がスムーズになったと思います。が、一方で、総合図書館では副館長不在が一年半になります。幹部には専門職保持者はいません。司書の大半は嘱託職員です。日々、図書館の最前線で市民に直接接する人たちが市民の要望、動向をつかんでいても図書行政に生かすことができるでしょうか？
司書の人たちは休日を返上して自主的に勉強会をしています。私たちにできることは何か、フォーラムを通して考えたいと思います。（「身」力丸世二）
〈会報29号　二〇〇一年九月三日より〉

第五回フォーラムを終えて

二〇〇一年一一月一〇日、前原市伊都《いと》文化会館で第五回フォーラムが開かれ、福岡県内を中心に百名の参加がありました。開催地実行委員会は前原市、志摩町、二丈町の一市二町の文庫、サークル、ボランティアの方たちです。

佐賀県立女性センター「アバンセ」副館長の北島悦子氏（前佐賀県三日月町立図書館長）が「図書館・まちづくり・子ども」をテーマに基調講演（五〇分）をしました。次に、久留米市民図書館司書の下川和彦氏を

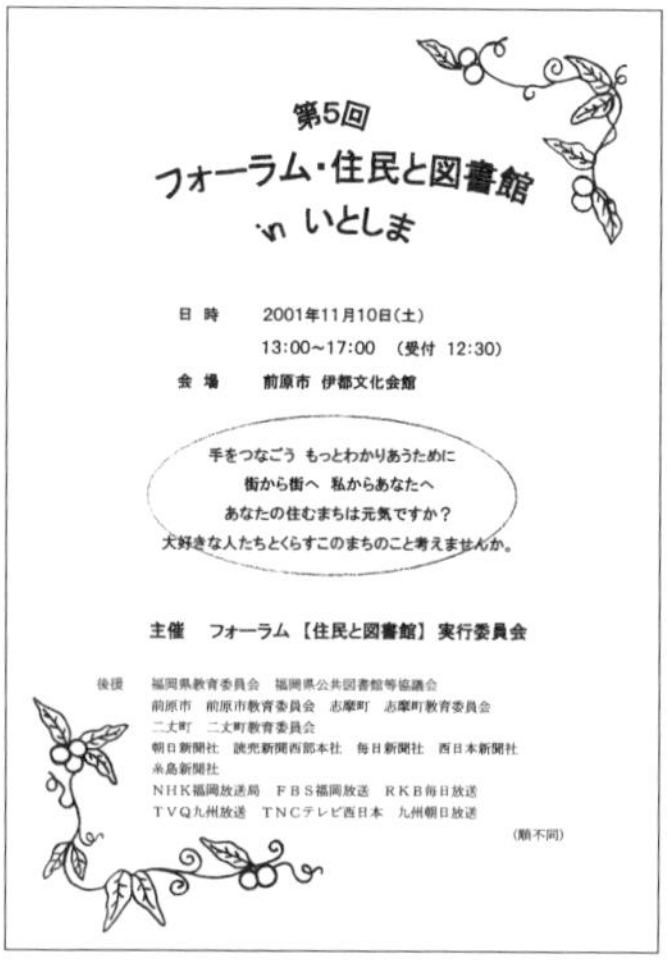

計画段階から難航した、図書館のない糸島での第5回フォーラム

コーディネーターとし、池口隆氏（城島町役場）、武田光一氏（嘉穂《かほ》町役場）、西英喜氏（夜須《やす》町立中牟田小学校校長）、石本恵美子氏（勝山町図書館司書）、朱雀一晃氏（前原市社会教育課図書館係長）の五名のパネラーによるパネルディスカッション（二時間）。その後、参加者との交流会（質疑応答四五分）がありました。三〇ページの報告集ができています。以下は当日の感想です。

●図書館があるということ、図書館は「人」だということ

移動図書館車が市内を回っているとはいえ図書館という拠点がない前原市、公民館図書室や文庫はあるが前原市と同じように図書館がない志摩町、二丈町。図書館が地域にあるということがどれほど住民にとって大事なことかを考えさせられました。計画段階から場所、時間、参加費などこれまでとは異なった問題が浮上、最後まで悩まされました。拠点がないということは行政の窓口はあるものの、共に地域の図書館について考え、共に受け入れようとする体制が整っていないということです。住民のしていることに参加はしましょうという範囲にとどまっていました。また、準備が事前にできないことでもあります。開催を知らせるパンフレット作成にも、終わったあとの報告集を作成するにも、すべて県立図書館の協力を得なければなりませんでした。

パネラーとして参加して下さった方々は、住む町をどんな町にしようかと考え、周りを動かし自らも行動に移している、そう思えるのです。認識が深いのです。現状を見て、図書館があるということが住民にどう影響を及ぼすか理解し（供給が需要を増やす）、そのためにできることは何なのかを常に考え、行動に移しています。個人のできることには限度があります。が、公民館図書室の利

用者を増やすために努力を重ね、住民の支持が増えたことが図書館建設に結びついた嘉穂町。図書館ができたものの子どもたちの利用が少ない、ではこちらからと、図書館から子どもたちのもとに飛び込んでいき利用に結びつけ、個人貸し出しが苅田町につぎ県下二位となった勝山町図書館。図書館誕生の前とあとでは町が変わったという城島町。学校図書館の充実が町の図書館への誘い水となった夜須町。いずれも図書館や公民館の中で与えられた仕事をこなすだけでは達成できないことでしょう。自治体の規模に関係なく、やはり「人」だと思います。

「住民の程度の行政」という言葉があります。そういう意味では私たち住民にも責任があります。まして今は変革の時代。既存の組織にのみ安住して、与えられる行政サービスに安閑と乗っかっていていいのかと考えます。きちんと思いを伝え、そのためにはどうすればいいのか住民も行政と共に考える、協働参画の時代です。（「身」力丸世二）

〈会報30号　二〇〇一年一二月一九日より〉

諫早《いさはや》市立諫早図書館を見学

二〇〇一年一〇月一七日、博多駅から長崎行かもめ7号に乗り一時間半、JR諫早駅から徒歩で二〇分のところの長崎県諫早市立諫早図書館を見学しました。七月一日に開館したばかり。蔵書数は開館当初、一般開架約一六万冊、閉架約三万冊（収蔵能力約三〇万冊）延床面積は二階、一階、地下（団体貸出用書庫や駐車場がある）を合わせて七四〇五平方メートル。「諫早図書館友の会」の方に案内してもらいました。以下は参加したメンバーの感想です。

●行ってきました諫早図書館

これまでにずいぶんたくさんの図書館を見学してきました。よい前例がたくさんできてきたということもあるでしょうが、中の造りなどはどこもよく工夫されてきたと思います。最近、良いといわれる図書館を見学して印象深く思うのは、職員の姿勢や取り組み、小規模な町でトップの方と職員の人たちとの距離の近さ、職員と住民とのチームワークなどです。諫早でも、もちろんこの点を強く感じて帰ってきました。

福岡市では何年やっても、このあたりが見えてきません。職員の方たちともやっと話の糸口をつかみかけてきたかと思うと、配置替えでまたゼロからのスタートです。いつまでもできない基本計画。いっそ周りの町へ引っ越してしまおうか、と思うのは私だけでしょうか。大都市の中ではこの叫びを誰に向けて発信すればよいのでしょうか。当てのないこだまを何年も何年も、それでもいつか「おーい」と言えば「おーい」と応えてくれるこだまを待ちながら、今も辛抱強く「おーい」と言い続けています。（奈良屋まちづくり協議会　中島芳子）

●ずっと注目してきた図書館へ

できる前から注目していただけに、やっと見学の機会を得たと心が躍りました。諫早弁のやさしい言葉遣いの職員の説明に、地元の方々が長年かけた思いがひしひしと伝わってきました。図書館入口には車椅子が数台、用意されていました。子ども用スペースは夢が広がるようでした。多目的ホールの床暖房、機械は分かりやすいシステムを取り入れてあり、子連れのお母さんが他の人に気がねせずに講演が聞けるようガラス戸越しの部屋があり、発想が利用者本位だと感じました。ご案内下さった「諫早図書館友の会」の中古賀さん、ありがとうございました。

過日、川崎市麻生市民図書館に行く機会がありました。ここの館長さんは福岡市総合図書館においでになったことがおありで、福岡の印象については司書の正規職員が少ないことを心配されていました。（「身」津田明子）

〈会報30号　二〇〇一年一二月一九より〉

要望書を提出しました

ＪＲ筑前新宮《しんぐう》駅新駅舎に計画されている東区和白《わじろ》地域交流センター（仮称）内図書施設について二〇〇二年六月一八日、市民局長と教育長にあて要望書を提出しました（一二一、一二二頁参照）。

二〇〇〇年一月に博多区内二番目の分館となる博多南図書館が開館して以来、個人貸出冊数は下記のように大幅に増加しています。いかに多くの市民が図書館を待っていたか一目瞭然です。図書館は身近になくてはならない公共施設です。供給が需要を呼びます。

〈会報32号　二〇〇二年六月二四日より〉

	平成12年度（2000年度）	平成11年度（1999年度）	平成10年度（1998年度）
博多図書館	193,923	205,304	196,592
博多南図書館	299,232	50,689	——
2館合計	493,155	255,993	196,592
市全体合計	4,481,714	4,262,191	3,973,876

（「平成13年度福岡市総合図書館要覧」を参照）

2002年6月18日

和白地域交流センター（仮称）内
図書施設に関する要望書

身近に図書館がほしい福岡市民の会

世話人代表　力丸世一

いつも図書館行政にご尽力頂きありがとうございます。又、私たち「身近に図書館がほしい福岡市民の会」にご理解とご厚情を頂き、有り難うございます。

さて、総合図書館の利用はもちろん市内各分館の利用は年毎に増え、私たち利用者にとっても有り難く、御礼申し上げます。2000年1月30日に博多南図書館が開館しましたが博多南部地域の市民のみならず、交通の便のよさもあり多くの方々が利用しております。いまや、個々の市民の暮らしに、そして地域住民にとってはなくてはならない存在となっております。特に高齢者や乳幼児を持つ若い世代に好評です。こうしたことから過日発表されました和白地域交流センター（仮称）内図書施設には私たちも大変期待を持っております。大きな期待と博多南図書館の誕生から現在の歩みを見て感じたことなどを和白地域交流センター（仮称）内図書施設に活かして頂きたく下記の様に要望します。

記

1. 地域交流センター（仮称）内図書施設は各市民センター内

の分館同様に“総合図書館”の分館として位置付けして下さい。

２．司書専門職の適正配置をして下さい。

３．一週間のうちの一日でもいいから開館時間の延長をして下さい。

４．地域資料（会報、案内、資料を含む）を収集、閲覧できるようにして下さい。

５．伝言板（図書資料に関すること、文庫や読み聞かせをする人たちの情報など）を設置して下さい。

６．１階部分に返却ポストを設置して下さい。

７．読み聞かせの部屋は本のある場、図書館内に設置して下さい。場所的に困難な場合は幼児のチャイルドルームとは別に、お話の時間だけでも「お話の部屋」を設置して下さい。

８．和白地域交流センター（仮称）内図書施設でもＣＤ・ビデオの貸し出し、返却ができるようにして下さい

９．開館前から図書施設についてのＰＲをして下さい。より多くの市民の利用喚起につながると推察します。

１０．段差をなくし（バリアフリー）案内表示は誰にでも分かるように設置して下さい。

以上

総合図書館への質問と回答

二〇〇二年六月一一日、福岡市総合図書館で運営課長と図書利用課長と私たちの会員四名で懇談しました。その際、アンケートのときや折々に市民から寄せられた疑問や質問を尋ねましたところ、丁寧に答えていただきました。

【Q1】総合図書館でしか認められていないCDやビデオの貸し出し、返却を分館でも実施してほしい。無理ならせめて返却だけでも認めてほしい。

A……傷つきやすいことから総合図書館に直接返却をお願いします。ただ強い要望のあることですので担当課に検討を依頼しています。

【Q2】昨年末、国会では「子ども読書推進法」が成立。幼児のいる家庭にとって身近に図書館がないのは残念。移動図書館車の運行をお願いしたい。

A……福岡市では、総合図書館と八分館、三図書室とのネットワークによる図書館サービスを基本としていますが、平成一三年度（二〇〇一年度）から周辺市町村図書館との広域利用を開始し、利便性の向上を図りました。また、身近な生活圏での読書活動を奨励するため、二一〇の地域文庫に巡回車による配本サービスを行っております。今後とも図書館サービスの充実に努めてまいります。

【Q3】六時閉館は早い。総合図書館だけでなく分館でもせめて一週間に一度でもいいので七時か八時までの開館を願いたい。今度できる和白地域交流センターを突破口にできないのか。

A……利用機会の拡大サービスを図るという観点から、現在検討中です。

【Q4】総合図書館の開館ですが、真夏の暑いときや真冬の寒い時期はエントランスホールを早く開放してほしい。

A……酷暑、酷寒時には期日を定めて開館前にエントランスホールを開放しています。雪や雨の日も同様に対応しています。

【Q5】総合図書館の表玄関は一〇時に開館するが駐車場側は五分遅れでドアが開きます。一〇時ちょうどに開けていただきたい。

A……双方の玄関を同時に開けると利用者が通路で交差することから、利用者相互の衝突事故を防止するために行っています。

【Q6】図書館現場で働く人については、利用者にとって司書有資格者か否かは判断できない。質問されて分からないまま返答しないで専門職の意見を聞いてから答えてほしい。信頼関係が損なわれる。

A……職員研修のいっそうの充実に努めます。

【Q7】図書館にない本で、購入してほしいと思うのだが…。

A……リクエスト制度や相互貸借という制度がありますので、ご利用下さい。

【Q8】南区は図書館の未開地と言われる。南区にも博多区のように区内二つ目の図書館をつくってほしい。子どもに本のある環境は大切。ほかの地域と比べても不公平。学校で署名を集めたらいいのか？

A……図書館分館につきましては引き続き地域交流センターの整備に合わせて行ってまいります。

【Q9】図書館職員が少ないのでしょうか？　質問したいことがあっても分館ではレファレンスを頼みたくても忙しそうで声をかけられない雰囲気です。

A……貸し出し、返却カウンターが混雑することもあるかと思いますが、ご理解をお願いします。

【Q10】学校図書館と公共図書館の連携はどうなっているのか。小郡《おごおり》市では子どもたちは学校で、地域で、司書のお姉さんと友達で、分からないことは図書館で質問したりしていたが…。

A……学校の要請を受けて、図書館での調べ学習、見学や体験学習の受け入れ、指導を行っています。また、広報紙「子ども図書館ニュース」を配布し、児童・生徒の図書館への理解を深めると共に、読書活動の奨励に努めています。学校の意向もふまえて、今後も連携に努めていきます。

〈会報32号　二〇〇二年六月二四日より〉

市長選挙に向けて立候補予定者へ公開質問状を提出

二〇〇二年一一月一七日投票の福岡市長選挙をひかえ、五人の立候補予定者に公開質問状を提出しました（一二六、一二七頁参照）。なお、設問⑥で学校図書館図書整備費の予算化について文書作成の段階（一〇月一四日）で、学校図書館協議会作成のホームページでは福岡市は「今年度予算化の予定なし」として×となっていました。一〇月二三日市教委との話し合いの結果、手違いによる

に近い番号に○をお付けください。

①日常的に図書館を利用されていますか。　イ）はい　ロ）いいえ

②これまで利用された図書館で良かった、と思われる図書館を一つあげて下さい。またそうお考えの理由をお聞かせください。

③図書館構成で重要度の比率として人75%、本其の他資料20%、建物5%、というように司書専門職は重要ですが総合図書館、分館其の他図書施設を含め働く司書の多くが嘱託職員です。このことについてどのようにお考えでしょうか？

④福岡市の図書館、これからどう進んだら良いとお考えですか。

⑤政令都市福岡市の現在・未来に渡って図書館行政に責任を持つ館長が図書館専門家でも、図書館専任でもありません。

　＊いまのままでいい

　イ）そう思う　ロ）思わない　ハ）分からない

　＊専任であるべき

　イ）そう思う　ロ）思わない　ハ）分からない

＊いまのままでいい、とお考えの場合その理由をお教えください。

⑥平成14年度の「学校図書館図書整備費」の予算化状況を見ますと福岡市は予算化しておりません、。目を覆いたくなるような学校図書館の状況を考えるとき、予算化は欠かせません。どのようにお考えでしょうか。

⑦平成15年度から12学級以上の学校では司書教諭が配置されることになっています。学級担任や教科担当の教諭が兼任するのではなく、11学級以下の小規模校にも司書教諭の配置を望んでいます。どのようにお考えでしょうか？

⑧其の他ご意見などありましたらお願いします。

以上

有り難うございました。貴殿のご健闘を心からお祈り申し上げます。

平成14年10月20日

福岡市長候補への公開質問状

身近に図書館がほしい福岡市民の会
代表世話人　力丸世一

福岡市の図書館政策について

この度、福岡市長選挙にあたりご健闘をお祈りいたしております。さて私たち「身近に図書館がほしい福岡市民の会」は福岡市の図書館行政の発展を願い、1995年10月に発足し活動している市民団体です。

ご承知のように福岡市の図書館事情は現在建設が決まった和白地域交流センター内図書施設を含めても135万市民が日常的に利用できる、というには程遠い現状にあります。全国平均ですと４万６千人に１つの図書館、といわれますが福岡市の現状は12万人に１つです。いかに図書館が少ないか、改めて思います。昨年末には「子ども読書活動推進法」が国会でも成立、子どもの読書について法律で自治体は整備することが義務付けられました。付帯決議第三には「子どもがあらゆる機会とあらゆる場所において、本と親しみ、本を楽しむ事ができる環境作りのため学校図書館、公共図書館等の整備充実に努めること」とされています。また生涯学習、情報社会、にあって図書館の整備は欠かせないと考えます。つきましては市長選に出馬予定の方々に図書館行政のお考えをお伺いしたく下記のように公開質問状を送らせていただきます。10月30日までに文書でご回答をお願い致します。なお、ご回答の有無を含めて内容も公開させていただきますことを申し添えます。選択肢のある所ではお考え

ものであるとし、次のような福岡市教育委員会からの見解をいただきました。

社団法人全国学校図書館協議会のアンケートへの回答では、「学校図書館図書整備費」は予算化していないとしていますが、これは、福岡市では従前から国が示した学校図書館図書整備費を上回る予算措置を行っておりますので、平成一四年度予算に限って改めて上乗せした予算措置はしていないという趣旨です。

〈会報34号　二〇〇二年一一月一日より〉

嘉穂町立図書館を見学

一〇月八日、福岡県嘉穂町立図書館を見学しました。二〇〇二年五月にオープンしたばかりの図書館です。嘉穂町生涯学習センター「夢サイトかほ」内にあり、広さ一一〇〇平方メートル。蔵書数約四万冊。嘉穂町の人口は約一万人です。

JR福北ゆたか線で博多から桂川《けいせん》まで乗り、駅からタクシーで嘉穂町立図書館へ。図書館、公民館、集会施設を併せ持つ「夢サイトかほ」は、見所のいっぱいある施設です。自動貸し出し機が設置してあり、閉館後も貸し出し可能、セキュリティーとプライバシーの両面からメリットがあると思いました。

おはなしの部屋は沖縄風のへりのない畳が敷かれた和室です。移動図書館車は「てんとう虫号」、職員のエプロンにもてんとう虫のマークがあります。明るい館内に落ち着いたれんがの内壁がしっくりとマッチしています。床はコルクを使用してあるのも、人にやさしく、維持管理の点でもじゅうたんより清掃がしやすいとのこと。絵本コーナーでは、積木を大きくしたような木製の赤い屋根と白木のアーチを子どもの背丈で配置、「くぐってみたくなる」という声も聞かれました。

布絵本はボランティアの手になる作品で、しっかり作ってあり、新しいせいか、きれいな作品ばかりでした。この後、桂川図書館にも行ってきました。これから先、見学したいのは山田市立図書館と遠賀《おんが》町立図書館です。（「身」津田明子）

〈会報34号　二〇〇二年一一月一日より〉

嘉穂町立図書館は私たちのほしい図書館

行きがけに大通りに面した桂川町立図書館はなかなかおしゃれな建物だなと思いながら通り過ぎて、まずは目指す嘉穂町立図書館に向かったのですが、嘉穂の役場まではなんとか行きました。そこから目と鼻の先の図書館に行き着かず、携帯電話で二、三度聞き直してやっとたどり着いたというおそまつでした。今後のためもあり、冷静に反省しますと、一つ目には、役場の所在地が載っていない、もちろん図書館も載っていない古い地図で行ったのが間違いでした。新しいのには当然載っているでしょうね。

二つ目には、自転車で通りかかった中学か高校か不明の学生服の少年に図書館の在りかを尋ねたのですが、桂川図書館は知っていましたが、そこから自転車で一〇分ほどという嘉穂の図書館を知りませんでした。もしかすると「嘉穂町生涯学習センター」と聞けば分かっていたかもしれません。「夢サイトかほ」と聞いたらすぐ分かったかな？　こちらがそんなネーミングとはゆめゆめ知らず。三つ目には「二つ目の信号機から右に入ってすぐです」という交差点に図書館の標識、看板、矢印、ちらしのたぐいがなかったことです。二つ目の信号機と教えられているのに、起点を間違え、三つ目の信号機を右折してしまいました。右も田んぼ左も田んぼの道を走りながら、いくら田舎でも田舎過ぎる…と感じたのでした。町の人は福祉センターの隣にできた新しい学習センターの中の図書館って分かるかもしれないけど、私たちのように外からはるばる見学に来るようなすきものもいるんだぞ。

さて、本文は「嘉穂図書館は私たちのほしい図書館」でした。建設前の話合いのメンバーの選択、長い周到な準備、スタッフの学習、開館後の仕事、話を聞けば聞くほどうなってしまいました。そして、市民サービスということをよく理解されているトップがいてこそ、スタッフも生かされるということがよく分かりました。何もかも熟考されてできている。調べもの郷土の本コーナーが奥まっていず、スタッフのすぐ傍らあたりにあるのがいい。絵本コーナーは幼児が毎日来たがるでしょう。明るい授乳室には洗面台もポットもあり、子どもトイレもすぐそばにあって、利用者のことをよく考えてくれています。様々な工夫が随所に見られ、使い勝手のいい、気持ちのいい場所でした。

たった一点、一般のトイレが文化ホールの向こう側まで行かないといけないのがちょっと遠いかなと気になりました。帰りに桂川町立図書館に寄りました。ここは外観はしゃれていますが、中は良くありません。同じ規模の広さ、予算でこんなにも中身が違うのかと驚きあきれてしまいました。

ちゃんと勉強して税金を使って下さいねと言いたいです。（奈良屋まちづくり協議会　落石みどり）

〈会報35号　二〇〇三年一月二八日より〉

福岡県知事選立候補者に公開質問状を提出

国も地方自治体も財政難にあえいでいます。そのことが私たちの暮らしにも、図書館にも大きな影を落としています。そんな今、もっと身近なこととして図書館を見つめ直してみたいと思います。図書館がただそこに「ある」ということと、図書館が「機能する」ということの違いを感じます。司書専門職の力は一朝一夕に備わるものではありません。五年一〇年と経験を積むことで利用者の求めることに対応ができてきます。

その司書専門職の問題が資料費削減とともに嘱託やアルバイトという形で追いやられています。図書館本来の目的は何か、行政も私たち利用者である市民もきちんととらえ直さなければいけない時期でしょう。図書館は社会の基底部分を担うという原点を見失ってはいけないと思います。

二〇〇三年四月一三日投票の福岡県知事選に向けて、二人の候補者に福岡県の図書館政策について公開質問状を提出しました（一二三、一二四頁参照）。

〈会報36号　二〇〇三年三月一八日より〉

平成15年２月26日

福岡県知事候補への公開質問状

福岡県知事候補者

殿

フォーラム「住民と図書館」
世話人代表　力丸世一

福岡県の図書館政策について

この度は福岡県知事選に立候補をされ、日々ご健闘のことと存じます。私たちフォーラム「住民と図書館」メンバーは福岡市、柳川市、前原市、志免町、志摩町、粕屋町、宮田町、三橋町、苅田町、高田町、大和町、稲築町等で、どこに住んでいても誰もが利用できる図書館利用の発展と普及を願って共に手を携えながら活動している団体です。

文部科学省は平成13年７月18日公布した「公立図書館の設置及び運営上の望ましい基準」のなかで

1　図書館の設置促進
2　図書館サービスの計画的実施及び自己評価など
3　豊かな図書館サービスの展開

を特に留意して公立図書館の一層の整備・充実に努めるよう指示しております。福岡県では現在97市町村の中、41の自治体には図書館がありません。

家に本がない家庭が増えていると聞きます。学校図書館が整備されていない、また、身近に図書館もない地域で、せっかく朝の10分間読書の時間を設けても「手にする本がないと訴える子どもがいる」という、信じられないような報告もあります。子どもたち一人一人が生まれてきて良かった、学ぶことが楽しいと思える生活ができたらどんなにいいでしょう。滋賀県、大分県等では県が図書館振興策を策定することで市町村の図書館振興につながっていると聞きます。県下図書館振興行政は県の責務です。福岡県も何らかの形で基本方針のようなものを打ち出していただけたらと思います。

こうしたことをふまえ知事候補の皆様にはご多用のところ大変恐縮で

すが、以下の点について候補者のご意見を別紙回答用紙にご記入の上、3月15日までに下記のところまでお返事いただきたくお願い申し上げます。

1）日常的に図書館を利用されていますか？

2）これまで利用された図書館で良かった、と思われる図書館はどこの図書館ですか？　またそうお考えの理由をお聞かせ下さい。

3）平成13年12月、「子ども読書活動推進法」が制定、平成14年8月には子どもの読書活動を推進する環境づくりとして各自治体で独自の推進計画が作られることになっていますが、福岡県ではいまだその組織さえ決まっていないと聞きます。子どもが本に親しむ場、学校図書館、公共図書館の整備をどのようにお考えでしょうか？

4）自己判断・自己責任の社会となった今、その判断ができるような公平で公正な情報拠点は図書館しかありません。そのような中、資料費の続けての削減は逆行と言わざるを得ません。先の文部科学省の告示を踏まえて、県立図書館の役割と共に今後の図書館行政について抱負をお聞かせ下さい。

末尾ですがあなた様のご健闘を心からお祈り申し上げます。

以上

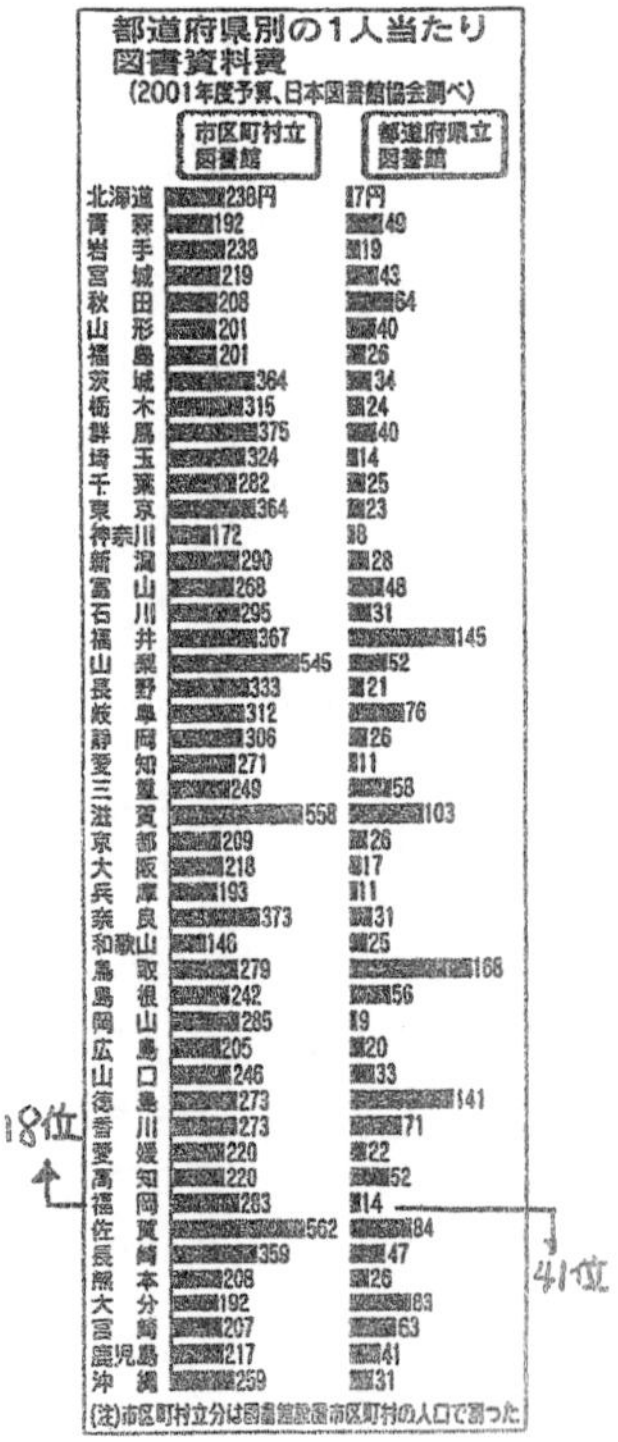

＊ 添付資料

・平成14年5月20日　日本経済新聞（都道府県別の1人当たり図書資料費）

・フォーラム「住民と図書館」参加団体

・「公立図書館の設置及び運営上の望ましい基準」の告示について（通知）

祝・和白《わじろ》図書館開館　駅の中の図書館オープン

二〇〇三年八月九日、東区和白丘の複合施設「コミセンわじろ」内に福岡市総合図書館の九番目の分館として「和白図書館」が開館しました。JR鹿児島線、筑前新宮駅内です。六階建てビルの四階部分。雑餉隈《ざっしょのくま》交流センターに続く、二番目の地域交流センターの中にできました。他には体育館、多目的ホール、会議室、和室がある複合施設です。

図書館は床面積六三〇平方メートル、蔵書数約六万冊。今月の展示特集は、一般では「旅」、子どもコーナーでは「のりもの」です。駅の中の図書館としてユニークです。開館時間は他分館と同じ午前一〇時から午後六時までです。開館時間がもう少し延びると勤め帰りの人にも利用できるのにと思います。

福岡市では今後も地域交流センターを西区今宿、早良《さわら》区野芥《のけ》に設置の方針と聞いています。そうした所にも図書館の設置を願っていきたいと思います。以下は二名の見学記です。

〈会報38号　二〇〇三年八月一六日より〉

●和白図書館を見学

福岡市と新宮町との境、JR筑前新宮駅ビル内に八月九日に開館した東区二つ目の分館です。建物の構造や費用の問題があってか設計的には不満は残りますが、なんといっても私の家から行きやすいです。図書館の方の話では、駅ビルの中なので利用も多いそうですが、子どもたちの利用があまり多くないとか。もっと積極的に地域に図書館をアピールする工夫があってもいいのではないでしょうか。でも図書館へ行くたびに図書カードを作ってもらっている新規の登録者を見かけます。私は喜んでいるけれど、図書館から離れていたり、アクセスがよくない地域に住んでいる人に「図書館なんて行ったことない」と言われ、もっと身近に図書館を…と思います。（「身」中嶌伸子）

●私たちの図書館

これまでいろんな図書館を見学してきましたが、市内にできる図書館、私たち市民の図書館ということで期待して行きました。図書館のための施設、建物として設計されていないことから、いくつかの点で市民、図書館側ともに不便やマイナスとなる面があることに気付きました。それなら逆に駅の中にあるという利点を生かさない手はないとも考えます。

学生やサラリーマンは、駅の中にあるのですから帰宅途中に寄ることも可能です。そのためには是非、開館時間の延長を望みたいです。せめて一週間に一日でも時間延長してほしい。納税者にとって受益できる市民サービスの最前線の一つである図書館。六時閉館で利用者が限られている現状を見ると、図書館に努力してほしいと願います。（「身」津田明子）〈会報39号　二〇〇三年一二月二二日より〉

三橋町立図書館を見学

二〇〇四年六月一六日、福岡県三橋町立図書館を見学しました。会から七名参加。フォーラム「住民と図書館」メンバーの三橋町「ＬＬＣ（ラブリー・ライブラリークラブ）」の方たちに図書館を案内してもらい、昼食を共にしながら交流しました。三人の方の見学記です。

●町の拠点としての図書館

柳川市に隣接する三橋町の人口は四月現在約一万八千人。三橋町立図書館は六月一日に開館したばかりです。広さ約一千平方メートル、鉄筋コンクリートづくりの平屋建てです。一般図書・児童図書・くつろぎ・ヤングの各スペースがあります。金曜日は午後八時まで開館。掲示板「みつはしトピックス」は、町に関する新聞記事などを集め、カウンター横、入口を入ってすぐの場所に設置しています。誰もが町に関する動きを複数の新聞記事から、詳しく把握できます。それは、「他人

三橋町立図書館の掲示板「みつはしトピックス」

事」ではなく「私も町の一員」としてかかわるということであり、情報発信基地としての図書館の位置付けがハッキリしていていいなあと思いました。

　広報誌「みつはし」六月号表紙は司書の皆さんがお薦めの本を持ってにこやかに写っています。皆さんとっても美人！　広報誌の表紙を図書館司書が飾ることにまず驚き、三橋町は図書館を大事にするとともに図書館への期待も大きいことを思いました。若い人たちのコーナーもいいなあと思いました。また、親子連れには授乳室もあり、安心して図書館で時間を過ごせますね。次代の人を育てよう、という町のメッセージでしょう。たとえふるさとを離れても、常に心の中に懐かしいふるさととして思い続けるでしょう。（「身」力丸世一）

●点字コーナーがよかった！

これまで町の公民館に図書室があっただけでしたが、古い福祉センターをリフォーム、増築して広さ一千平方メートル、平屋建てのゆったりした造りの図書館ができていました。いつも福岡市、東区の図書館しか利用したことのない私には、書架が低く圧迫感がなく、棚と棚の間がゆったりしているという状況はうらやましい限りでした。

一番楽しかったのは、点字図書コーナーで赤塚不二夫の触る絵本を見つけたことです。点字の文章と文章にそった漫画の絵をなぞるようになっているカラフルなものです。表紙が見えるように平置きに展示しているので、目が不自由でない人も手にとって、点字の世界を垣間見るきっかけとなるなあと嬉しくなりました。

新しい図書館については、町の広報誌に司書の方が表紙を飾っているのを含め、二回にわたって紹介されていました。人口一万八千人に六万冊（最終的に）の蔵書、そして学校ごとに図書カードを作る取り組みなど、たくさんの人に愛される図書館作りへの意気込みが感じられました。今回の訪問はＬＬＣの方たちに送り迎えから昼食の用意など、大変お世話になりました。（「身」中嶌伸子）

●三橋町立図書館さま

三橋町立図書館の開館おめでとうございます。とてもいい図書館ですね。素晴らしい図書館を見せていただき、ありがとうございました。職員の方々は、和やかな親しみやすい雰囲気で、子どもたちに限らず、通うのが楽しみでしょう。ただ、児童書のところにあまり読書できる椅子がないと

三橋町立図書館の「くつろぎ」スペース

思いました。お訪ねした折に買い求めた黒い図書館バッグはいつも持ち歩いております。あちこちで「そのバッグ素敵ね、どうしたの？」と聞かれます。三橋町に図書館ができたので、見学に行った折に求めた図書館バッグであることを申しますと、大変評判良く、バッグをきっかけにいろいろな話が何人かとできました。

金曜日が夜八時まで開館ということは、他の図書館も是非見習って実行していただきたい、素晴らしいことですね。たくさんの本が三橋町の子どもたちの悩みや迷いに答えてくれて共に泣き、喜び、困難に堪えて生き抜く思考力を授けてくれますように。福岡市でも夜の開館を実施してくれれば、今は寂しくゲームセンターや街をさまよう子どもの何割かは、図書館で一生の友を見つけることができるのにと思います。とても良い三橋町立図書館行きでした。（「身」小田ゆう子）

〈会報41号　二〇〇四年七月二二日より〉

図書館友の会全国連絡会に入会

全国各地の方々と情報を共有し、連絡をとりあう必要性を感じて「図書館友の会全国連絡会」（本部、東京）に入会しました。この会については会報「図書館とともだち・鎌倉」（二〇〇四年五月二六日発行）の阿曾《あそ》千代子さんの文から転載しました。

……（前略）この四月、新たに「図書館友の会全国連絡会」が発足しました。市民による全国レベルの図書館友の会活動の始まりです。

図書館先進国である北欧の図書館システムを調べると、それぞれの国の文化政策として図書館が高く位置付けられているのが分かります。充当される予算も桁違いだし、何より、街づくりの要に図書館がしっかり位置付けられているのです。なぜなら、民主主義の根幹をなすのは一人一人の自治能力なのですから、生涯にわたってその力を培うために、時代を越えて蓄積された偏りのない資料と、優秀な図書館ガイド、つまり専門司書がそろった図書館は不可欠という認識がそこにあるからでしょう。アメリカの図書館システムは北欧諸国とは別の形をとりますが、先進的な情報公開サービスなど、民主主義の大きな支えになっている点については、共通の土台を持っています。

翻って私たちの国の公共図書館はどうでしょうか。数こそようやく三千近くまで増えてはきたものの、それでも一人当たりの貸出率はまだまだ低いし、人も予算も二桁違うのではないかと思われるほどの内容の貧困さです。それは国の文化程度の低さにも通じます。まずは国レベルで図書館の重要性を認識してもらわなければ、全国津々浦々、いえインターネット普及により昨今では国境を越えた資料の貸借やレファレンスもされているのに、とてもではないけれど、本質的な国際交流はできないと思います。

民主主義の確立のために、想像される以上に公共図書館が重要な役割を担っていることを、また、図書館を便利に使い、楽しみ、深く愛する国民がこんなにもたくさん存在することを、近い将来、「図書館友の会全国連絡会」が、この国の図書館政策にかかわる方たちに伝えていければと願います。

そして、全国で活動を続けている図書館大好き人間たちが集い、さまざまな情報交換をしながら、それぞれの活動をさらに充実させていく一助となれば、それ以上に嬉しいことはありません。

（後略）　〈会報41号　二〇〇四年七月二一日より〉

指定管理者制度ってなに？

大阪府下の高槻《たかつき》市、堺市など、そして福岡県北九州市の一部図書館で導入の検討がされているという指定管理者制度とは何でしょう。ただし、堺市ではさらに検討を要するという結論が出ました。図書館が指定管理者制度になじまないのではないか、という疑問が市民や行政内部からも、そして、伝え聞いた全国各地から声が出された結果と思います。

石風
Stone & Wind
2006・6

石風社
福岡市中央区渡辺通二丁目三番二四号　〒八一〇―〇〇〇四
TEL〇九二（七一四）四八三八　FAX〇九二（七二五）三四四〇

＊『おーい図書館！』に寄せて……………………

房総の一隅で図書館への愛をつぶやく

菅原峻

平成七年七月七日に伊万里市民図書館が開館し、昨年一〇周年を迎えた。友の会と図書館とが共催で、今をときめく鳥取県知事片山義博氏を迎えて記念の講演会を開いた。図書館に高い知見を持ち、さまざまな施策を展開していることで知られ、講演会には佐賀県外からも大勢の聴衆が参加し、感銘を受けた人の中には「うちの知事に片山さんの爪の垢を煎じて飲ませたい」と思った人もいたらしい。

私は千葉県に住むようになって二〇年になるが、うちの知事が図書館について発言したことなど聞いたためしがない。千葉県には、「ハマコー」と異名をとり、腕力に勝れた代議士がいることは天下に知られていたが、それはむしろ恥ずかしいこと。でも選挙区が違うらしいからと、私は海辺の町を選んで転居した。

ところで、千葉の図書館といえば浦安だが、私が研究所を始めたころに図書館建設の話が持ち上がり、まだテーブルも椅子もない研究所の部屋に何人かの町民が寄り集まって、「こんな図書館が欲しい会」を発足させた。それからのことはたくさんの人がいろいろ書いているし、著書にもなり、大勢の人が全国から視察に足を運んで、図書館はディズニーランドと並んで有名になった。

その浦安の図書館の創設時に職員として採用され、やがて生え抜きの図書館長となったのが常世田良氏。私の弟が館長をしていた大田区の図書館でアルバイトをしたり、研究所の主催したアメリカ図書館の視察に参加したり、ともかく「思う一念岩をも徹す」の見本のようにして同氏は浦安の図書館員となり、やがて館長となったのだった。その常世田氏が、先ごろ抜擢されて「生涯教育部次長」の要職につき、より高いところから図書館を支えることになった。私はそのことを、浦安の図書館のために喜んでいいのかどうか、複雑な思いで聞いていた。しかし、何があったのか分からないが、常世田氏は、浦安を抜けて日本図書館協会事務局次長に転じた。そのほうが、浦安の図書館で蓄積したものを生かすことができるとの判断だろうか。

もう一つ、千葉の図書館に大きな問題が持ち上がった。問題というよりも事件というべきだろう。それは、船橋市立西図書館で、「新しい歴史教科書をつくる会」のメンバーや会員の著作一〇七点を司書が独断で除籍したことである。これは二〇〇一年八月で、廃棄された本の著者たちが司書と市を相手に「一方的に排除する思想弾圧で、表現の自由や著者の人格権が侵害された」として裁判が起こされた。

東京地裁の判決は、「蔵書の管理は市の自由裁量」であるとし、東京高裁もそれを支持したのであったが、この七月一四日、最高裁判所は次のような判決を下し、審理を差し戻した。

「公立図書館の職員は独断的評価や個人の好みにとらわれずに公正に資料を扱う義務があり、著者の思想や信条を理由に廃棄することは、意見などを公衆に伝達する著者の利益を不当に損なう」「司書がつくる会や賛同者への反感から廃棄を決めたのは、職務義務違反で、著者の人格的利益を侵害する違法行為」

いまいくつもの図書館では、「図書館の自由に関する宣言」を開架フロアなどに掲げている。これは憲法で保障されている表現の自由を守るために「図書館のとるべき態度を、一九五四年の日本図書館協会総会において採択したもので、その中に「図書館は資料収集」と「資料提供」の自由を持つことを謳った。仮にこの宣言がなかったとしても、「国民の知る自由を保障するため、すべての図書館資料は、原則として国民の自由な利用に供さるべきであり」「図書館は、正当な理由がないかぎり、ある種の資料を特別扱いしたり、資料の内容に手を加えたり、書架から撤去したり、廃棄したりはしない」ことは、図書館の存立そのものの拠って立つ基盤である。

いま私たちが感じている、図書館の危うさ、惰弱さ、不透明さなどはどこからくるのだろうか。「宣言」などは一民間団体の仕業にしか過ぎない、「図書館という看板を出す役所」はそう言ってきた。そういうところの館長らは、きっと最高裁の判決なら、「へい！　恐れいりやした」となるにちがいない。

さて、一〇年はあっという間に過ぎてきたことでしょう。その間のご苦労を少しは垣間見てきたつもりですが、次の一〇年はどのような目標を立てて進んで行かれますか。

先の図書廃棄事件にしても、その市の市民の顔が少しも見えていなかったし、今も見えてきそうな様子はありません。顔が見えると言うのは、お客さんとしての市民の顔ではありません。図書館の主人として、図書館としっかり向き合う顔です。そして、「これは私の図書館だ」という、台風でいうならば図書館を目とするような市民の渦が、一つ一つの図書館に欲しい。それがどんな小さな図書館であってもです。そういう時代が来てはじめて、図書館は住民のものとなるでしょう。

ではまた一〇年先にお会いいたしましょう。

ぼくのうちはゲル

バーサンスレン・ボロルマー（絵・文）長野ヒデ子（訳）

2005年野間国際絵本原画コンクールグランプリ受賞作

夏の宿営地で生まれた男の子ジル。春・夏・秋・冬と、羊や馬たちとともに草原をめぐる、モンゴル・移動民の物語

一五七五円

モンゴルの黒い髪

バーサンスレン・ボロルマー（絵・文）長野ヒデ子（訳）

＊2004年国民文化祭・絵本大会グランプリ受賞

敵は邪悪な四羽のカラス。武器もない女たちが草原と家族をまもった――。モンゴルの伝統民話を題材に、彩色豊かに描かれた珠玉の絵本。「絵のすばらしさに圧倒された」（宮西達也氏）

（2刷）一三六五円

とうさん かあさん

ながのひでこ（絵・文）

「とうさん、かあさん、聞かせて、子どものころのはなし」。子どものみずみずしい好奇心が広げる、素朴であったかい世界。ロングセラーとなった長野ワールドの原点、待望の新装復刊

一四七〇円

内田麟太郎（文）伊藤秀男（絵）

わらうだいじゃやま　大牟田の絵本

＊第一回日本の絵本賞・文部大臣奨励賞受賞

「よいさ　よいやさ　じゃじゃんこ　じゃん！」炭坑の町・大牟田の勇壮な夏祭り「大蛇山」が、町の復興を願う市民の協賛によって絵本になった！　ナンセンス絵本の最前線を走る名コンビが描いた元気な絵本！

一五七五円

大男のはなの穴

やまもとさとこ（絵・文）

＊2004年国民文化祭・絵本大会審査委員長賞受賞

ある嵐の夜のこと。島に、こわれた舟が打ち上げられた。なかにいたのは、船長と猫いっぴき。やっと雨をしのげるほらあなを見つけたと思ったら、そこは大男のはなの穴だった！「♪技術だけじゃだめよね♪　いいなあ、このおおらかさ」（内田麟太郎氏）一三六五円

藁塚《わらづか》放浪記

藤田洋三

北は東北の「ワラニオ」から南は九州の「ワラコヅミ」まで、秋の田んぼを駆け巡り、〈ワラ積み〉の呼称と姿の百変化を追った三十年の旅の記録。日本国内はいうに及ばず、果ては韓国・中国まで踏査・収集した写真三百葉を収録した貴重な民俗誌！

二六二五円

＊読者の皆様へ　小社出版物が店頭にない場合は「日販扱」か「地方・小出版流通センター扱」とご指定の上最寄りの書店にご注文下さい。なお、お急ぎの場合は直接小社宛ご注文下されば、代金後払いにてご送本致します（送料は二五〇円。総額五〇〇〇円以上は不要）。

指定管理者制度の視野の中に図書館が入ってくるということ、私たちはもう一度図書館の役割や市民の中での位置付けを見直してみなければならないと考えます。社会の基底部分である図書館。誰もが利用できる社会教育機関。収益は生まないけれど、すべての住民に開かれた公共施設だから公正・公平・平等が原則。「自己判断・自己責任」社会にあって企業はもちろん個人であっても判断の誤りは即自己責任の時代です。その基となる判断材料は公共図書館が担うのではないでしょうか。指定管理者制度という形で民間に託されたとき、図書館はどう変わるのでしょうか。

まず、指定管理者制度とは、

1　二〇〇三年六月公布、九月施行された地方自治法第四四条の改正によって導入された制度

2　これまで公共的な限られた団体に管理や業務を委託。また、個々の業務に限って民間事業者に業務委託されていたものが、公共施設に関わる管理・運営・業務などすべての事業を民間企業やＮＰＯなどに委託可能となった（税金で作られた公共施設なのに民間へ丸投げなの？）。

経費削減をうたい文句に図書館の運営を財団に任せた例はいくつかあります。同じ仕事を、同じようにして経費を削減できるのでしょうか。結局は、人件費や資料費の削減に、ひいてはサービスの低下につながるのではないか、と危惧しています。

「民間活力の導入」ということがよく言われますが、図書館は利益を追求したり競争原理が働く機関ではないので民間にはノウハウはありません。最小経費で最小サービス、職員の賃金は下げるという発想では、経験があり力のある図書館員はやめていき、レファレンスを初めとするサービスが低下するのではないでしょうか。

行政改革では「最小経費で最大の効果を」といわれますが、図書館という社会教育機関の中でも公益性・公共性の高い機関については効率だけを考えればいいのか問題が残ります。

指定管理者制度が導入されると心配になることは、

1　自治体の公的責任の放棄
2　指定管理者は条例の範囲で管理・運営さらに料金の設定が自由にできる
3　サービスの切り捨てや後退にならないか
4　お金の出し入れは監査できるが業務は監査対象外。公正さ、公平さはどうなのか
5　プライバシーは守られるのか
6　図書館は世界につながる窓口、他の自治体の図書館や機関との連携はできるのか

――などです。

少し古いのですが、『日本の図書館―統計と名簿―2000』（日本図書館協会）によると、全国に二六三九館の公共図書館があります。一億三千万の人口で単純に計算すると四万九千人に一館の勘定になりますから、人口に対しての図書館数は先進国の中ではまだまだ少ないのです。こうした中で、指定管理者制度がささやかれるようになったのは、

・図書館としての実力が発揮される前に資料費削減や、専門職員の配置転換・削減が始まったこと
・行政の中に図書館への信頼がない（行政マンが図書館を利用していないし、図書館を理解していない）こと

・図書館の力を知らないこと
――などの理由が考えられます。
浦安市民図書館では、館長を初め多くの職員が司書専門職員で、レファレンスの充実・行政への資料支援・入院患者へのサービスなど多彩なサービスを展開し、市民や行政の信頼が厚いと聞きます。今、専門職員が継続的に働けるシステムこそ求められていると思います。

＊　＊

その後、北九州市については県内ということで私たちの会を初め、フォーラム「住民と図書館」のメンバーが協力して、県内各地で導入見直しを求める署名活動をしました。そして、「北九州市の図書館を考える会」が市長・教育長に、その署名を要請書と共に提出。市議会議長に陳情書を提出しました。しかし、二〇〇四年一二月一〇日の市議会本会議で、陳情書に対する賛成が少数ということで、陳情は採択されなかったため、二〇〇五年四月から北九州市の一部図書館に指定管理者制度が導入されることが決まりました。（「身」力丸世一）

〈会報42号　二〇〇四年一〇月二八日より〉

図書館の数は？人に１館？

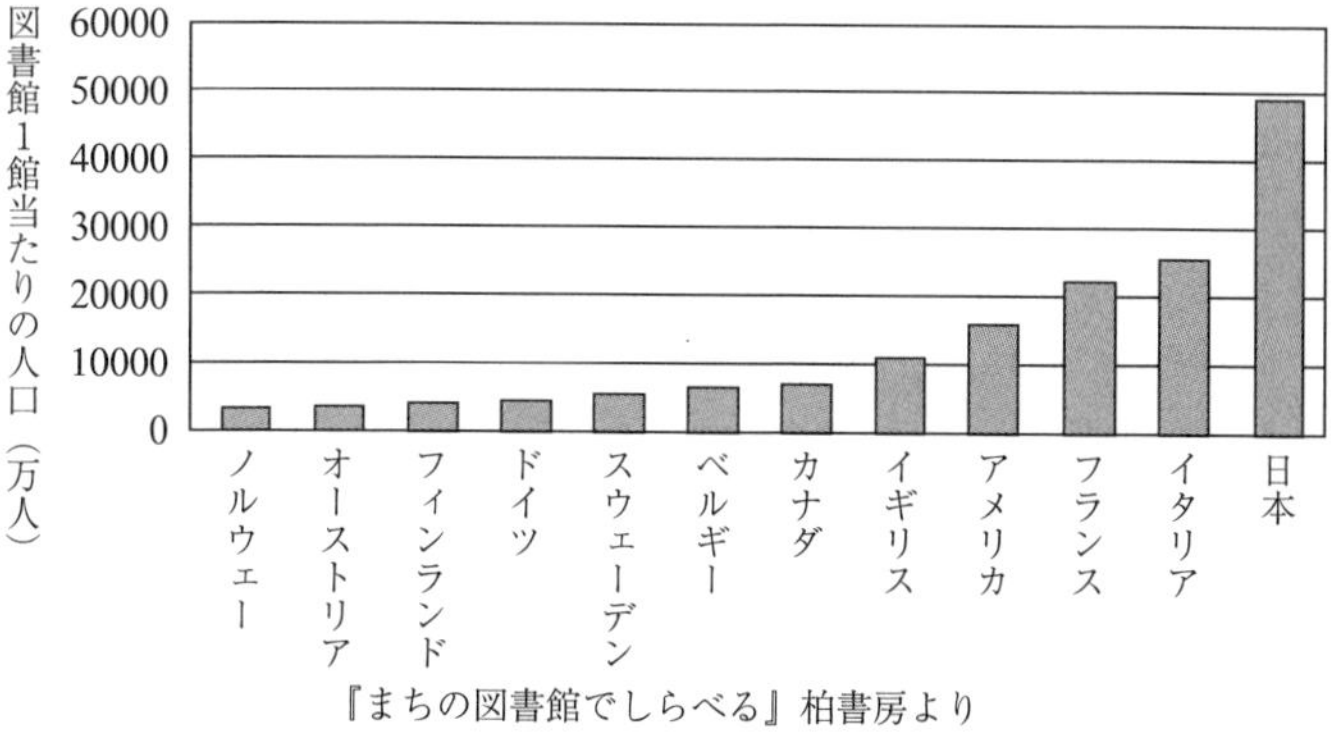

『まちの図書館でしらべる』柏書房より

鎌倉市図書館見学記

二〇〇五年三月八日、「図書館友の会全国連絡会」の第一回交流集会が日本図書館協会（東京）で開かれましたので、それに参加し、次の九日、鎌倉市図書館を見学しました。鎌倉市の人口は約一六万七千人。中央図書館、腰越《こしごえ》図書館、深沢図書館、大船図書館、玉縄《たまなわ》図書館の五つがあります。開館時間は月・火・水・土・日曜日は午前九時から午後五時まで、木・金曜日は午前九時から午後七時（祝日は除く）まで、今月の休みは三月二八日のみ。職員は二七人（うち司書二五人）、嘱託職員三九人（二〇〇四年七月現在）です。（このうち奉仕担当職員一一人、奉仕担当嘱託職員一五人）

〝市民が主役〟として次の基本姿勢で図書館サービスを行うと宣言しています。

・資料・情報提供
・鎌倉の歴史文化の継承
・市民とともに

・図書館の自由を守る「図書館の自由に関する宣言」を遵守します
「鎌倉市図書館サービス計画」という冊子があり、これらの基本姿勢を掲げるだけでなく、短期（一～五年）中期（六～一〇年）長期（一〇年以降）に分け、各項目の達成期限をきちんと市民に明らかにしていることに対して、行政への信頼を持ちました。

鎌倉は豊かな自然と歴史風土にはぐくまれた文化の街。初めて訪れましたが、図書館までの道筋に沿って図書館への案内板があり、迷うことなく着きました。

苦言を呈するとすれば、館内のサインが今ひとつでした。書架の側面に分類ごとの案内がありましたが、書架の表示板に分類が書かれていないので疑問に思い職員に尋ねると「忙しくて」との返事でした。絵本の並べ方は絵を描いた人の名前順で並べてあり、書名順や著者（文章を書いた人）名順ではないことに驚きました。子どもはそれで探せるのかなと思いました。カウンター近くにジュースの自動販売機が設置してあるのにも驚きました。

「よんでみない？」というタイトルのブックリストが充実しています。年代別に〇～三歳の乳幼児対象と四、五、六歳に贈る本の紹介リスト、一、二年生のみんなへ、三、四年生のみなさんへとあり、別に施設について学ぶ三年生には「三年生のみなさんへ」としたパンフレットなど、子どもの関心が図書館に向くようにとの努力が随所に見受けられます。

「子ども読書の日」制定記念として「子どもが本と出会うために――まわりの大人ができること――」という視点からリストにまとめたもの、ブックリスト「戦争と平和」小学生編と中学生編、「介護についての本」、「ストップ・ザ・暴力」、「鎌倉市役所の皆さんへ――仕事に役立つブックリスト――」

など、すべての市民に図書館を理解して利用してもらいたいという意気込みが感じられました。

〈「身」力丸世一〉〈会報44号　二〇〇五年三月二九日より〉

福岡市教育長と懇談しました

二〇〇五年四月二五日、教育長と懇談し、図書館のビジョンを市民に示してほしいなど要請しました。主な議題は

①管理職の異動について。福岡市総合図書館の運営課長・図書利用課長がここ三年毎年異動、昨年はブックスタート事業が始まっていますし、この三月には子ども読書活動推進計画が策定されましたが、審議段階から担当者が次々に異動となり、事業の継続性ということについて危機感を抱きました。

②分館長の異動も多く、二年で三人交代になったところもあります。一時期、分館長は全員が司書専門職保持者で「サービスの最前線重視」と喜んでいましたが最近は外部へ異動、後任は一般職からで市民にとってマイナスです。

③福岡市総合図書館開館当初から館長は嘱託で、しかも司書専門職保持者ではありません。現場での意見や提言が汲み上げられないのではないでしょうか。

④ブックスタート事業は、市内に誕生したすべての赤ちゃんに責任を負う市として、図書館がも

っとかかわってほしいです（赤ちゃん向けのおはなし会を全分館で開催することや、ブックスタートボランティアの研修を年一度ではなく、何度か、分館毎でも開催して参加しやすいように計画するなど）

――など気にかかっていることについて話し合いました。

こうした問題が出てくるのは図書館としてのビジョンがないためではないでしょうか。一日も早く図書館ビジョンを示してほしいと要請しました。

教育委員会から教育長、教育委員、生涯学習部長（総務部長兼務）、総合図書館管理部長、総務課長、生涯学習課長にご出席いただき、石川市議がご臨席下さいました。会からは梅田、柴田、力丸の三名が出席しました。（「身」力丸世二）

〈会報45号　二〇〇五年五月三〇日より〉

コラム2　「ブックスタート」って何？

赤ちゃんに絵本を読んで聞かせることで親子のふれあいを深めてもらおうと、〇歳児がいる家庭に絵本を贈るのがブックスタート事業です。一九九二年に英国・バーミンガムで始まり、日本では「子ども読書年」推進会議を母体に二〇〇一年にブックスタート支援センター（現在はNPO法人ブックスタートに改称）が設立されて、この事業は各地に広がってきました。

赤ちゃんの身体の発育に母乳やミルクが必要なように、心と言葉をはぐくむには抱っこして話しかけることが大切です。ブックスタートは、絵本を介して赤ちゃんに話しかけてほしいという、子育ての提案なのです。

地域の保健所で行われる乳児健診の場に図書館員と読書ボランティアが出向き、図書館員が事業の目的を一人一人の保護者に伝えながら絵本を渡し、ボランティアが読み聞かせやわらべうたの実演をしてみせるというのが、多くの自治体で行われているやり方です。

福岡市は分館図書館員の勤務状況が厳しく、保健所に出向くことができないので、現場は保健所と読書ボランティアにまかされています。が、二〇〇五年以降は七区の各分館で、月一回「赤ちゃんむけおはなし会」を開きフォローに努めています。ただ、何といっても、赤ちゃんを連れて歩いていける範囲に、図書館があることが大前提です。

（「身」柴田）

第二章　子どもと図書館

博多の子どもたちと図書館

博多山笠《やまかさ》の季節となりました。博多の者《もん》は、都会にあって、祭りを基準に季節を感じるという幸せ者で、子どもたちも今の時期は、山笠を前にソワソワしだす時期なのです。

今、福岡市では二一世紀夢プランの施策として「地域子どもセンター」構想というものが進んでいて、五月末、やらな文庫代表として意見を述べてきました。「図書館が子どもにとってよりどころとなること。本は子どもにとって栄養であり、地域子どもセンターができるのなら、その中に子ども図書館も一緒に考えてもらいたいこと」などお願いしてきました。都心部の遊び場の少ない子どもたちにとって、図書館は誰でもが利用でき親が安心して行かせられる場です。図書館は児童館の要素や、福祉センターの要素や、まちづくりセンターの要素などを持っています。図書館という と無料の貸本屋というような古いイメージを持っている人が多く、いろんな要素を合わせ持つ新しいイメージを持ってもらわないと、私たちがどうして身近に図書館がほしいかということを理解してもらえません。実験的でもいいから福岡市にそんな図書館が一つでもできると、分かりやすいのですが。

それから、四小学校統合で注目のわが博多部《はかたぶ》の教育環境として、学校図書館のことも重要な問題です。学校図書館については、司書教諭がいないとか兼任であるとか、図書館が週一回しか開かないとか、何十年来、図書館関係者の間で問題となっているので、新しい小学校ができる際、問題をきちんと受け止めて、全国から注目されるような学校図書館を作ってもらいたいと思います。私たちも、今までの勉強の成果を提案していくつもりです。

また、博多部のまちづくりを考えるとき、子どもにとって都心ならではの本物の環境とは何でしょうか。考えられるのは、子どもと文化施設を結び付けていくことです。代表選手はもちろん図書館ですが、劇場、美術館などもそうです。そこには、いろんな人々が集まってきます。この施設と人材を子どものために生かさない法はありません。劇場なども将来の観客を育てるために、企業メセナ（企業による芸術・文化の援護活動）として、もっと子どもの育成に目を向けてほしいです。公共図書館や博物館と学校が連携してもよいし、学校教育の中に、これらの施設を位置付けて都心ならではの新しい教育を考えていくと面白いと思います。地方自治が叫ばれる今日、教育もまた地域独自のものを創造する時代に入っています。学校図書館や公共図書館、美術館、博物館などは同じ教育委員会の管轄なので、連動していくのは簡単なことのように思われますが、役所の中はそうもいかないようです。しかし、主役は施設を利用する「人」であることを忘れないでほしいのです。

子どもたちは小さいころから絵本に親しみ、小学校に上がってからは学校図書館も利用でき、文庫のあるところは読み聞かせをしてもらったり、公共図書館へも行ったり、本に親しむ機会はあるはずなのに、子どもの本離れは深刻な問題です。このことについては、これからは図書館そのものに親しんでいくことも重要です。というのは、図書館がいろいろなことをすることができる場であるからです。図書館がどんな所であるかという勉強をしたり、いろんな図書館を見学し、学校図書館や公共図書館がなにか楽しい所だと思うところから、本への入口もあるかもしれません。

生涯学習時代の今、図書館を使いこなせるか否かで、人生を数倍楽しくするか否かを左右するといっても過言ではないでしょう。子どもたちと図書館ということを、大人はもっと真剣に考える必要があるでしょう。そのためにも、近くて日常的に利用できる図書館がほしいのです。

（奈良屋まちづくり協議会　中島芳子）〈どかんしょ13号　一九九七年七月より〉

子どもたちに本を！

●西戸崎《さいとざき》文庫を訪ねて

講談社主催「全国おはなし隊」の読み聞かせボランティアとして二〇〇〇年八月九日、東区の西戸崎文庫に行く機会を得た。夏空のせみしぐれの中、かすかな海風を感じながら入った公民館では朝早いのにもかかわらず、地域の子どもたちやお母さん方の大歓迎を受けた。幼児から小学校高学年まで、とても熱心に静かに聞いてくれ、温かい人柄が伝わってくるお母さん方のまなざしと心のこもった拍手に、こちらの方が感激した。

「なぜ、ここの子どもたちは、こんなに読み聞かせに慣れているのだろう」という疑問に私たちの会の会員でもある韮沢さんは、文庫での貸し出しも活発で、数年前より小学校へ読み聞かせに入っているので……とのこと。こういう文庫の人たちの努力が、決して多いとはいえない蔵書と、公共図書館にかなり遠くて日常には使えないという恵まれない環境でも、これだけのキラキラ輝く瞳の好奇心旺盛な「本」大好きっ子が育つのだ。こういう事実を目の当りにしてきた今、なお一層「福岡市内にもっともっと分館を設置してほしい」という気持ちが強くなった。（「身」宮本真弓）

●一日も早い分館設置を願って

文庫で、学校で、子どもに本のある場を、子どもたちの手に本を、と言い続け活動しているのが西戸崎文庫のお母さん方です。韮沢さんから過日、私費を投じて大型の文庫、例えていえばＮＰＯ図書館のようなものを作りたいと聞きました。「子どもに本をと言い続け努力したけれど、行政の動きを待っていたのではいつになるか……子どもたちはどんどん成長して待ってなんかいられない」というお話を、胸が締めつけられる思いで聞きました。

福岡市第七次基本計画で、準地域中心として位置付けられた博多区雑餉隈《ざっしょのくま》地区、東区和白《わじろ》地区、早良《さわら》区野芥《のけ》地区、西区今宿《いまじゅく》・周船寺《すせんじ》地区には区レベルのサービス機能を補完するため、コミュニティ機能を中心とした複合施設を整備することとなっています。

このうち、博多区雑餉隈地区については今年一月に博多南地域交流センター（さざんぴあ博多）内の博多南図書館が開館しています。東区和白地区については、「整備時期、手法等の検討を行っておりますが、まだ具体化の段階には到っておりません」(市民局地域振興部区政推進課)とのこと、これを受けて一日も早い分館設置を願い、地域の方々で意見要望をまとめ図書館側と協議していただきたいと思っています。

私たちの会でも資料を揃えたり、博多南図書館の開館後の地域や人の動きの変化をまとめていきたいと思います。(「身」力丸世一)

〈会報25号　二〇〇〇年一〇月五日より〉

学校に専任の司書教諭を

●学校図書館の現状

子どもたちが健全な学校生活を行うための学習環境の一つとして学校図書館が果たすべき役割は大きい。具体的には、学習・情報センター、教材・教育情報センター、読書センターの三つの大きな役割がある。ところが、学校図書館の専任者がいないために、ふだんはカギがかかっている管理第一主義の「物置図書館」、読みたい本の貸し出しばかりを中心とした「貸本屋図書館」などといわれ、現状は決して望ましいとはいえない。学校図書館が本来の目的を果たすために専任の司書教諭が必要とされるのである。

自治体によっては、すでに学校司書や図書事務、読書指導員などが配置されている場合もあるが、「司書教諭」と「学校司書」の職務内容の違いについて文部省は、「司書教諭の仕事が学校図書館を活用して教育指導全体のレベルアップを図る、つまり教育活動での中核的な役割を担うのに対して、（学校司書は）図書館の円滑な管理運営という役割を果たす」と説明している（一九九七年五月八日参議院文教委員会）。つまり、学校司書は、図書の分類や照会、図書館運営などが職務としてあげられている。しかし、学校司書だけでは、学校図書館の三つの役割を果たすのに不充分である。

●学校図書館の役割

学校図書館の三つの役割を細かく述べると次の通りである。

①学習・情報センターとしての役割

まず、学校図書館は学習・情報センターである。今後、総合的な学習も取り入れられ、子どもたちの自己教育力の育成・情報処理能力の育成に欠かせない問題解決学習や調べ学習に対応できるような図書館が望まれている。多くの資料や情報を収集・提供し、さらに利用指導を徹底し、自分で調べて学ぶことができるようにしなくてはならない。そのために、各学年の担任とあらかじめ、指導内容を話し合い、図書館を利用する内容について指導計画を立て、蔵書の更新・図書以外の資料の充実（コンピュータの利用も含めて）に努めるようにする。また、子どもたちが利用しやすいように、目録の整備、配架、作業のしやすい大きめの机などの設備を整えることも大切である。

②教材・教育情報センターとしての役割

次に学校図書館は教材・教育情報センターである。これは、主として教師に対するサービスである。教師が授業その他で利用する情報・資料を収集して提供する。自校にない場合は、公共図書館や他機関と連携し、貸し出しを受ける。また、学校の教材センターとして、学校各所に分散する教材を集中的に管理する場合もある。

③読書センターとしての役割

最後に読書センターとしての役割がある。これは、従来から取り組まれてきたことであるが、利用指導・読書指導によって、子どもたちに読書の楽しさを知らせ、読書の習慣をつけさせる役割である。ブックトークや読み聞かせ会などの催しを行ったり、蔵書を充実させて、居心地のよい図書館作りが大切である。これらを総合すると、学校図書館の運営にあたっては各学年の教科、単元の内容、児童・生徒の実態に精通していなければならず、そのため教諭である司書教諭が必要なのである。

●大切な教師との協力体制

何よりも大切なのは、学校の教師全員と学校図書館との協力体制が整っていることだと思う。現状では、教師は学校図書館にほとんど期待していない状況である。また、教科指導に追われて、読書指導や利用指導がなおざりになってしまいがちで、教師の図書館に対する意識を高めなければ、せっかくの図書館の資料は生かされない。全校的な取り組みによって、図書館の利用指導の年間計画を立てる必要がある。そして、収集された資料の整理・配架、空き教室の利用や模様替えなど大がかりな設備面での改善をするような場合は特に教職員全員の理解と協力が欠かせない。

●情報の専門家としての司書教諭

今後一層マルチメディア化が進み、視聴覚資料など図書以外の資料もふえ、コンピュータを使った情報の収集や資料の整理・検索なども行うようになるであろう。そこでメディアセンターとしての機能が重要になってくる。司書教諭は、情報の専門家として、日々、研鑽を積み、それぞれのメディアの特徴を知り、機器の操作に慣れているのはもちろんのこと、目的に最も適している情報の集め方・整理方法を指示できることが必要である。自校で資料が準備できないときには公立図書館からの貸し出しを受けることも考えられる。そのためには、日頃から学校図書館（司書教諭）と公共図書館が連携していることが必要であるし、同一自治体内での学校間の打ち合せも必要である。司書教諭の熱意と努力次第でありその担う役割は大きい。

●専任の司書教諭を

一九九七（平成九）年の学校図書館法の一部改正で二〇〇三（平成一五）年三月三一日までに、一二学級以上ある学校には司書教諭の配置が義務づけられることになった。しかし、問題点として、

・一一学級以下の小規模校が除外されていること
・司書教諭の養成・確保・役割などに不透明な点が少なくない
・学校司書の制度化が見送られ、その職を失う結果になるのではという不安が伴う

——ことがあげられる。

また、これだけの職務がある司書教諭であるので兼務では無理である。専任の司書教諭が配置さ

れてしかるべきと思われるが、財政面からも難しいと言われている。福岡市の場合は非常勤で充当の計画はあるが、期限までに配置できるかどうかは分からないとのことである。すべては予算のかかわることではあるが、先延ばしにせず、非常勤でなく専任の司書教諭を配置してもらいたいと強く願っている。（小久井明京美）

〈会報26号　二〇〇一年一月一六日より〉

はじめてほしいブックスタート　読み聞かせの大切さを多くの親たちに！

二〇〇一年二月から三月にかけて、私はブックスタート事業の実施を求める「母と子の笑顔輝くヤングママの会」の活動に賛同し、読み聞かせの実態を知るためのアンケート調査に取り組みました。育児サークルの仲間、公民館の利用者、保健師さん、小児科の先生の協力も得て、私も一五〇枚を越えるアンケートをしていただきました。

このアンケートをお願いするとき、私たちのような幼児をもつ親子の置かれている状況を説明したり語り合ったりするなかで、わが家もそうですが、どんなおもちゃより絵本の読み聞かせを喜ぶ子どもたちの姿に、改めて読み聞かせの重要性を確認し合いました。

福岡市に住む二〇代から三〇代を中心としたヤングママ二万六六一〇名のアンケートの結果、読み聞かせが子どもの豊かな心を育むとの回答が九三%、現代社会の子どもを取り巻く問題に読み聞かせがなんらかの役割を果たすとの回答が五六%と読み聞かせへの期待が高まっています。その一

方で、
・毎日読み聞かせをしている親子・・・・・・一六％
・読み聞かせの大切さを学ぶ場がない・・・・・四四％
・良書の情報を知るチャンスがない・・・・・五二％
・ブックスタート事業に取り組んでほしい・・八二％
という結果が出ました。

この調査結果をふまえて五月一日には福岡市の山崎市長にブックスタート事業の、五月二一日には県内の母親たち七万四五七四人から得たアンケート結果をもとに県へ読み聞かせ運動支援の要望をしました。さらに、五月二八日には文部科学省、厚生労働省にもブックスタート事業の実施を求める要望書を提出しました。

近ごろでは、新聞紙上にブックスタートに関する記事がたびたび出ていることもあり、このアンケートでブックスタートのことを知った人たちから、福岡市でも早く！　との声が出ています。NHKやFBS福岡放送からの取材も予定されており、アンケートから始まった運動が大反響を呼んでいます。

現在、私は四歳と一歳一〇カ月の子どもの母親として育児サークル活動をしていますが、同世代の母親たちが読み聞かせの重要性を知る機会が非常に少ないと感じています。公民館の文庫の本は古く、借りる人もないためほこりをかぶっている始末。幸いにも私たちの近くには総合図書館があります。が、何を基準にどんな本を選んだらいいのか分からず、絵本の紹介記事に載っていたものをただひたすら借りているという人もいます。

一歳から二歳の幼い子どもたちは、図書館のおはなし会ではなかなか集中できず、ほかの人の迷惑になるので参加させにくいと母親たちは感じています。そんな子どもたちを持つ母親に絵本の読み方選び方を、読み聞かせ活動をしている方から年に数回、定期的に教えてもらえたらいいなあと思います。実際、読み聞かせ活動をしている方の講演を聞いたとき、同じ本でも読み方でこんなに違うんだと気付き家でも実践しています。

絵本の読み聞かせは親も子も楽しく、親子の絆を深めていける素晴らしいことだと思います。多くの親子が読み聞かせの良さを知る機会が増えることを願っています。(「身」橋山尚江)

〈会報28号　二〇〇一年六月六日より〉

ドキドキワクワクの読み聞かせ会に参加して

博多南図書館おはなし会「ゆでたまご」(会員二二名)が発足して二年になろうとしている。最初のうちは「まずは地域におはなし会を浸透させることを念頭に」と話し合いながらも、「今日は何人来てくれるかな?」と戦々恐々とした日もあった。月に一度は司書の方と会員で絵本を持ち寄り勉強会を開いている。こうした皆さんの地道な活動のおかげで、今ではたくさんの親子連れでにぎわうようになった。

通常の土日のみならず、ボランティア有志で始めた平日おはなし会も、かわいい常連さんまでできた。公園へ行くのと同じ感覚で、水曜日の午前中を楽しみに来てくれるママさんたち。なかには顔見知りの友達もできたとか。〇歳児でもキャッキャッと全身で反応したり、「バイバイまたねぇ」「本読んでくれてアリガト」の子どもたちの言葉に「反対に感動や元気をもらった」との会員の声もある。「私のほうが楽しんだようです」と言って下さるお母さん。母親が心から楽しむことは赤ちゃんに確実に伝わるし、このことこそが一番かとも思う。

子どもたちの前に出ていく際の責任、「子どもの心は開いているのか？　楽しみは本当に届いているのか？」を考えながら「子どもが主役」を忘れないよう、これからも勉強していきたい。

（「身」宮本真弓）〈会報30号　二〇〇一年一二月一九日より〉

歌って踊れる司書になろう

各地で子育て支援講座や子育てサークルづくりが盛んです。昨年から私も地元の公民館の「子育て広場」に参加しています。毎回、「歯」「応急手当」「おやつ」などのテーマで保健師さんや栄養士さんの話を聞きます。私たちの地域担当の保健師さんは、テーマに関する話だけでなく絵本の読み聞かせ、パネルシアター、布のおもちゃなどで楽しませてくれます。体の健康だけでなく、心を育てるためにこれらを取り入れていることが、図書館活動にかかわっている者として嬉しく思います。保健師さんは、仕事とはいえ、これまでの専門分野に加え、子どもの本のことなど勉強をしている様子です。私たち地域図書ボランティアも二〇〇二年三月から読み聞かせの勉強会を計画しています。子どもにかかわる大人たちはまさに生涯学習です。

私はよく冗談で「今からの司書は歌って踊れる司書にならなければならない」と言います。図書サービスというように専門性を持ったサービス業なのです。一人の司書のサービス（働きかけ）の善し悪しで、子どもの興味をうまく引き出せるか、本への関心を育てることができるかが決まります。歌って踊れて、というのはいささかオーバーな表現ですが、言葉かけひとつで心が和み、信頼が生まれ、利用者が図書館に集まってくるような資質、それが司書に要求されているということです。ましてや「児童サービス」という言葉があることを図書館関係者や図書ボランティアにかかわる人は今一度考えてほしいと思います。カウンターに気難しい顔をした図書館員、司書がいるのは昔の話です。

地域文庫をしていて大変なこともありますが、文庫に来ていた子どもの一人が中学校で図書委員をやり、司書の先生に憧れて司書を目指して勉強をしているという話を聞くと、文庫の存在価値があったと喜びを感じます。普通のおばさんがやっている地域文庫でさえ一生懸命やればさまざまな可能性を持っているのですから、ましてや図書館司書さんは勉強して図書館や学校での可能性を広げていってほしいものです。

乳児健診にブックスタートを導入あるいは検討している自治体が増えてきました。福岡市でも七月から取りかかるとか聞きました。ぜひ図書館と保健所が緊密に連携をとり、次代を担う子どもた

ちのために、若い母親たちを導いてほしいものです。（奈良屋まちづくり協議会　中島芳子）

〈会報31号　二〇〇二年三月一八日より〉

法律整備より図書館整備を　子どもの読書推進

二〇〇一年一二月五日、国会で「子どもの読書活動の推進に関する法律」が可決成立し、同月一二日、公布、施行されました。これを受けて、国は二〇〇二年度中に基本計画を策定する方針で、都道府県や市町村は、これに基づく推進計画づくりに努めなければならないとなっています。

子どもの読書環境を整えようという考えには賛成です。しかし、国や自治体が読書活動推進のために基本計画や推進計画づくりをすることよりも、子どもが身近に使える図書館を自治体が整備し、国はそういう自治体を援助、補助してほしいと思います。その上で、児童・青少年サービスを徹底してやってほしいものです。それが子どもの読書推進のカギだと思います。附帯決議の中で、学校図書館、公共図書館の整備充実をうたってはいますが、図書館や公民館や小学校で読み聞かせをし、子どもの読書の推進にかかわってきた者としては、図書館の整備をこそ望むものです。

学校図書館は、二〇〇三年三月末までに一二学級以上の学校に司書教諭が配置されることになっていますが、一二学級以上だけでなく、すべての学校図書館に配置してほしいと思います。また、学級担任や教科担当の教諭が兼任する司書教諭ではなく、登校時から放課後まで、一日中図書館が開いていて、利用者にサービスできる専任の司書職員を配置してほしいと願います。

（「身」柴田幸子）〈会報31号　二〇〇二年三月一八日より〉

福岡市の小・中学校の図書館の理想と現実

学校図書館を語る前に、おそらく九九％の方が混乱していると思われる、似て非なる言葉の説明をしておかなくてはなりません。

・司書………図書館法に定める図書館（主に公共図書館）に働く専門職員に必要とされる資格。

・司書教諭…学校図書館法に定める学校図書館の専門的職務を担当するための資格。

・学校司書…法的には存在しない。つまり公的な資格ではない。各自治体が独自に、多様な雇用形態で学校図書館の運営のために配置した職員。正規職員はごく一部で、そのほとんどが臨時、パート、嘱託などである。

学校図書館には「学校図書館法」という法律があり、一九九七年六月に改正され、二〇〇三年三月三一日までに一二学級以上ある学校に司書教諭が配置されることになりました（小規模校に通う子どもたちは我慢せよということでしょうか）。「学校図書館法」が制定された当初（戦後）は、司書教諭の有資格者があまりにも少なかったため、「当分の間、司書教諭を置かないことができる」となっていたのです。その一行があったために学校図書館は、人のいない本のある特別教室

コラム3　「読み聞かせ」って何？

家庭で、学校で、子育てサークルで、学童保育の現場で、デイサービスの場で、というようにどこでも、いつでも、誰でも聞き手と読み手と本さえあれば出来るのが読み聞かせ。生の声で、目の前の人（老若男女の区別なく）に、絵本であれば絵と耳に届く言葉によってお話が膨らんでいく。物語なら読まれる言葉から想像力を膨らませていく。言葉から物語の中の主人公に寄り添い、本の中に入って「個の感性」を育んで行く。それが読み聞かせの素晴らしさ。

幼い頃から読み聞かせになれ親しんだ子は本はもとより、〝家族団らんや満ち足りた時間の思い出〟として残るといわれる。

福岡市では四ヶ月健診でブックスタートを実施しているが、親子のふれあい、耳に届く言葉によって内面の成長を促すことからも家庭での読み聞かせを日常的に呼びかけている。読むときに声色を使う人がいるが、読み手の感情を押し付けることになるので使わないほうが良い。心持ち、声のトーンの強弱や言葉の速さといった読み手の心遣いで聞き手は頭の中で充分に想像力を働かせ、お話を楽しんでいく。「読み聞かせ」という言葉ではなく、「読み合い」という言葉を使う人もある。（「身」力丸）

となって、図書館機能を失い、ただの書庫となってしまったのです。理想と現実のギャップを対比してみます。

【理　想】	【現　実】
いつ図書館に行ってもカギが開いていて、図書館専門の「人」がいてくれる。	カギがかけてある。利用のたびに先生に届け出て開けなくてはならない（まず、そんなことはしないな…）。カギは開けられていても誰もいない。
いつも新しい本が入ってきていて書架が新鮮。目新しい本を物色するだけでも楽しい。暇なときはいつでも行きたくなる。	本の購入は一年に一～二回まとめてドカンと入ってくる。おかげで入荷してくるころには、たいてい読んだ本ばかり。話題になった時期を過ぎてしまっている。書架には二〇～三〇年も昔の古い本も並んでいる。
貸し出し、返却の手続きが簡単で、しかも誰が何の本を借りたか記録が残らないようにしてあるので、プライバシーが守られる。	貸し出し、返却のたびにカードに氏名・日付・書名・学級などあれこれ書かなくてはならない。学校によっては、代本板、ブックカバーも必要。カードに記録が残るので、プライバシーは守られない。
調べ学習などで、課題が出されても事前に先	課題が出されても調べられる資料がない。も

生と図書館スタッフ（司書）が打ち合わせをしているので、新鮮で多様な資料が用意されている。それでも、不足になるときは他館から借りてきて補ってくれる。	しくは、とても少ないし、古い。少ない資料を取りあいしてウロウロするうちに、与えられた時間は終わってしまう。
読みたい本、調べたいことなど相談にのってアドバイスしてくれる図書館スタッフ（司書）がいつでもいて協力してくれる。	協力者はいない。書架をぐるっと回って探す本がなければ、「やっぱり学校図書館にはないんだ」と思ってあきらめる。
いつも清潔で、楽しい掲示物、展示物があふれ、居心地のよい椅子とテーブル、使いやすい書架などの備品がある。	部屋はホコリだらけで、本を触っていると手は真っ黒け。殺風景な部屋に形ばかりの椅子とテーブル。書架も高すぎたり、低すぎたり、奥行きがありすぎたり配置が悪かったりして使いにくい。
読み聞かせ、ストーリーテリング、ブックトーク、紙芝居、パネルシアター、ブラックシアター、読書週間のイベントなどなど、楽しい催しもある。	ない。ただ、個人的にがんばっている一部の学校司書が出勤日にあわせて実践している学校もある。詳しい現状は把握すらされていない。

福岡市の小・中学校には、臨時職員という形で週に一～二日程度、図書館の仕事をする、いわ

ゆる学校司書が配置されており、現在はその学校司書と図書館担当の係の先生の努力でなんとか学校図書館が支えられています。

しかし、学校司書が週に一〜二日勤務したところで、書架の整理（これだけで半日とられる）、貸し出し、返却、廃棄本の整理、購入本の検討と受け入れ、読み聞かせやストーリーテリング（お話を覚えて本なしで語り聞かせること）、レファレンスなどなど、山のようにある仕事をどうやってこなせというのでしょう。おそらくフルタイム勤務しても追いつかないほどの仕事量があるのです。その結果が理想と現実のギャップという形になって現れているのです。

本の購入予算がせっかくそこそこあったとしても、それを上手に活用できる「人」がいるのといないのとでは天と地の違いです。福岡市とさほど変わらない予算でも、岡山市や近畿地方では「人」が配置されて図書館が活性化し、見違えるような活動が展開されています。

今回、「司書教諭を配置する」と法律が改正されましたが、図書館専属ではなく、授業や担任を持った上での兼任なのです。その司書教諭の先生が授業中やクラス指導中は、やはり人のいない図書館なのです。しかも司書教諭の有資格者を、短期間で多数養成しなくてはならないのですから、大変安易な形で発令されることが考えられます。

現在、現場で働く学校司書は厳しい労働条件にもめげず、その中で実績を積み重ねる一方で、福岡市の小・中学校の図書館の実態を皆さんに知っていただき、あらゆる場で学校図書館の改善を訴えてほしいと思います。（学校司書　松尾有子）

〈どかんしょ20号　一九九八年一二月より〉

本が足りない、「人」がいない学校図書館

今春（二〇〇二年）から本格的に始まった総合的な学習の時間などで調べ学習をするために、学校図書館の役割が重みを増している。だが、本が足りない、司書教諭や司書がいないという実情が浮き彫りになっている。

①横浜市のある小学校の五年生。「いろんな言葉を調べてみよう」というテーマの国語の学習で「方言を調べたい」という児童が書棚の「方言・ことば」のコーナーを探したところ、題名に「方言」と書かれた本は二冊しかなくて困ったという。

②数年前、鳥取県のある小学校の授業参観に出向いたところ、「人権」をテーマにした調べ学習の発表をしていたが、どのグループも同じ本から引用した同じくだりを読み上げたという。なぜ皆、同じなのかと聞くと、学校の図書館にほしい本が一冊しかなかったという（①②は七月二一日付朝日新聞より）。

③福岡市のある中学校では朝の読書タイムを設けているが、半数の生徒は本を持っていなくて、ただ座っているだけなのだと聞いた。せっかく読書の時間を設けるなら、全生徒が読書できるだけの本を学校図書館でそろえるべきではないだろうか。読書タイムのために生徒や親が本を買わなければならないとしたら何と貧しい学校図書館であろう。

そしてまた、学校図書館に司書教諭や司書が常駐していれば、足りない本は公共図書館や他の学校図書館から借りるなどの手配ができるのにと思う。

今回の図書整備費で図書を購入する市町村の割合
（全国学校図書館協議会調べ）

県（回答率）	図書を購入（予定も含む）	図書は購入しない
福岡（25）	17	63
佐賀（18）	22	67
長崎（19）	33	60
熊本（28）	23	69
大分（29）	29	65
宮崎（34）	33	60
鹿児島（47）	29	58
山口（27）	20	67
全国（32）	30	65

（数値は%、残りは無回答。8月11日付「西日本新聞」より）

公立小中学校の図書購入費として、国は本年度（二〇〇二年度）から五年間、従来の図書費に毎年一三〇億円を上乗せし、地方交付税として市町村の規模に応じて配分する「学校図書館図書整備事業」に着手した。本年度分が予定通り使われれば、一学級あたり小学校で約二万三千円分、中学校で約四万五千円分の本を買い足せるということである。

しかし、地方交付税は使い道が自治体の裁量に任されているため、実際に図書購入に充てる市町村は三割程度という。学校図書館協議会が今春、市町村に実施した調査によると、目的通り図書購入に充てると答えたのは、回答した市町村のうち三〇％で、六五％は図書を購入しないとした。八月一一日付の西日本新聞は「九州・山口でも購入費にするとしたのは長崎、宮崎両県の三三％が最高で、福岡県は一七％にとどまった」と伝えている。購入費はどこへ回ったのか、文部科学省は九月にも実態調査に乗り出す方針という。文部科学省によると、国が定めた標準蔵書数を満たしているのは小学校で三一％、中学校で二二・五％という。全国で約六千万冊が不足しているとして今回の図書整備五ヵ年計画を始めたのであり「子どもの読書活動推進基本計画」の柱に位置付けられている。

学校図書館は学習・情報センターとして学習を支えたり、読書センターとしての役割がある。図書館の差は大きい。本があり、人のいる図書館の整備が急務である。（「身」柴田幸子）

〈会報33号　二〇〇二年九月三日より〉

「夏休みに図書館へ行ったよ」

夏休みの図書館には宿題のための本を探す子どもがたくさんやってきます。見ていると、インターネットで下調べをして、実際に図書資料にあたってじっくり取り組んでいる子もいるし、ありとあらゆる自由研究の参考書を借りて、コンクールに応募するような子もいます。しかし、一番多いのは、とりあえずやらなきゃという子どもたちです。友人と待ち合わせて学園ドラマみたいに図書館へ行くという行為は楽しんでいますが、調べものをすることはあまり楽しそうではありません。大人にとって調べることは面白いでしょうか。旅行の計画を立てるのに、パンフレットを集め、インターネットを見て旅行ガイドを探すのは、とても楽しいのではないでしょうか。子どもの夏休みの宿題もそんなふうに楽しい体験だと良いのですが、これがなかなか。

調べるのは楽しいと子どもたちに実感してほしいというのが、図書館現場で働く私の願いです。ますます深まる情報化社会の未来を生きるには、子ども時代に調べものを楽しくこなす体験が必要だと思います。総合学習を契機として、子どもにとっての本は、「読んで楽しむもの」と同時に「調べる手段」の役割が増えています。読書に縁のない子どももいるなか、調べものは授業のカリキュラムとしてやらなければなりませんから、自分で本を探す体験が、読書よりも調べものであるという子どもが増えていくのかもしれません。読書推進活動と同時に、調べもの援助活動も求められる時代だと思います。読書推進は文庫など地域の活動としてありますが、調べもの援助は図書館でしか行えないものです。

残念ながら、街によっては全ての子どもが自転車で行ける範囲に図書館がありません。あっても小さい分館だと、利用に充分な本を置くスペースがありません。だから、せっかく来たのに、本が足りなくてもう借りられませんという子どもが八月には続出します。スタッフに声をかけてくれれば、ない中でどうするか知恵を絞ることもあるのですが、なす術なく、もっと早くにいらっしゃいと子どもをせかせてしまい、「夏休みに図書館へ行ったよ」という体験を満足させてあげられずに、後悔や焦りをもつこともしばしばです。現場で、子どもたちの調べもの支援をするソフトが司書であるならば、建物と充分な資料というハードも充実することを願っています。「夏休みに図書館へ行ったよ」という慎ましい体験ではなく、日頃からどこに住んでいる子どもでも「図書館へ行ってくるよ」と言える街だといいですね。（図書館スタッフS）

〈会報33号　二〇〇二年九月三日より〉

読書の喜びを子どもたちへ　市内一四四小学校へ「お年玉」

市内一四四小学校の子どもたちに「お年玉」がありました。Oさん姉妹のご寄付（学校図書補充）の中から今年度分として児童数に応じて資金の配分があったのです。資金には「子どもたちが本に親しむために」という明確な使途があります。各学校では担当者を中心に限られた時間の中で選本に力を入れています。私たちもいくつかの学校に本のリストを提出しました。「本って楽しい」「こんな世界もあるんだ」と子どもたちが目を輝かせて本に親しむ姿を目にする日も近いでしょう。

二〇〇二年八月に出された「子どもの読書活動の推進に関する基本的な計画」では「読書活動は、子どもが、言葉を学び、感性を磨き、表現力を高め、創造力を豊かなものにし、人生をより深く生きる力を身に付けていく上で欠くことができないものであり、社会全体でその推進を図っていくことは極めて重要である」（「第一章はじめに」より）と記しています。その意味でも今回の措置は大きな意義があるでしょう。四月から司書教諭（一二学級以上）の配置が決まっています。読書の推進に、調べ学習にと学校図書館への期待がふくらむと共に、公共図書館との連携、また公共図書館の充実を願わずにはいられません。

「子どもの読書活動の推進に関する法律」（平成一三年法律第一五四号）には学校でも地域でも本と親しめる環境を、と定めているのですから。（「身」力丸世一）〈会報35号　二〇〇三年一月二八日より〉

子ども読書推進計画を私たちのものに　第六回フォーラム「住民と図書館」から

二〇〇三年一一月一三日、福岡県立図書館において、第六回フォーラム「住民と図書館」は「本のよろこびを子どもたちへ」をテーマに開催しました。

「子どもの読書活動の推進に関する法律」が二〇〇一年一二月国会において制定されました。これを受けて国は二〇〇二年八月「子どもの読書活動の推進に関する基本的な計画」を策定、これに基づき、都道府県の「子ども読書活動推進計画」の策定が進んでいます。福岡県でも策定中で、一〇月一六日から二九日までパブリックコメント（一般の方からの意見募集）の受け付けがありました。多くの方に意見を寄せてもらいたいと、声をかけたところ「推進計画」を知らない人が多いことが分かりました。

福岡県内では県の策定を受けて市町村が策定するということになっているようです。市町村の策定の動きに先駆けて、子どもの読書にかかわる人たちが集まり、子ども読書推進

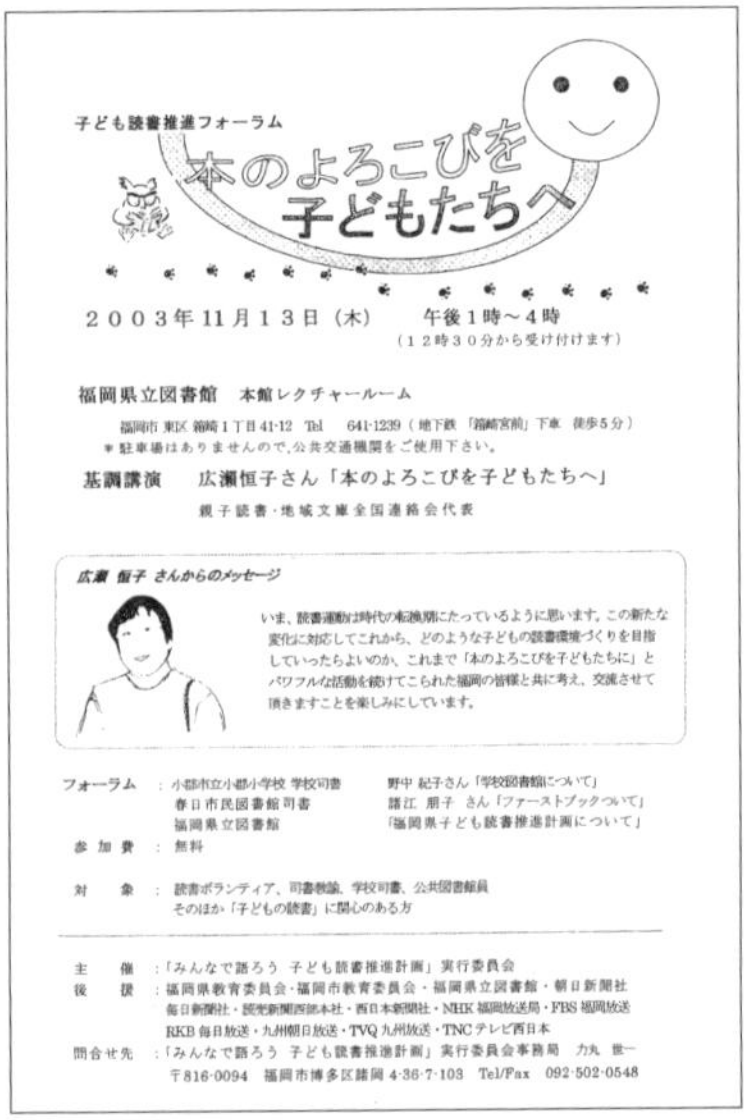

子ども読書推進フォーラム

本のよろこびを子どもたちへ

2003年11月13日（木）　午後1時～4時
（12時30分から受け付けます）

福岡県立図書館　本館レクチャールーム
福岡市東区箱崎1丁目41-12　Tel　641-1239（地下鉄「箱崎宮前」下車　徒歩5分）
＊駐車場はありませんので,公共交通機関をご使用下さい。

基調講演　広瀬恒子さん「本のよろこびを子どもたちへ」
親子読書・地域文庫全国連絡会代表

広瀬 恒子 さんからのメッセージ

いま、読書運動は時代の転換期にたっているように思います。この新たな変化に対応してこれから、どのような子どもの読書環境づくりを目指していったらよいのか、これまで「本のよろこびを子どもたちに」とパワフルな活動を続けてこられた福岡の皆様と共に考え、交流させて頂きますことを楽しみにしています。

フォーラム：小郡市立小郡小学校 学校司書　野中 紀子さん「学校図書館について」
春日市民図書館司書　諸江 朋子 さん「ファーストブックついて」
福岡県立図書館　「福岡県子ども読書推進計画について」
参加費：無料
対象：読書ボランティア、司書教諭、学校司書、公共図書館員
そのほか「子どもの読書」に関心のある方

主催：「みんなで語ろう 子ども読書推進計画」実行委員会
後援：福岡県教育委員会・福岡市教育委員会・福岡県立図書館・朝日新聞社
毎日新聞社・読売新聞西部本社・西日本新聞社・NHK 福岡放送局・FBS 福岡放送
RKB 毎日放送・九州朝日放送・TVQ 九州放送・TNC テレビ西日本
問合せ先：「みんなで語ろう 子ども読書推進計画」実行委員会事務局　力丸 世一
〒816-0094　福岡市博多区諸岡 4-36-7-103　Tel/Fax　092-502-0548

子どもの読書環境をテーマに
開かれた第6回フォーラム

第6回フォーラム、広瀬恒子さんによる基調講演

の環境作りをどう進めていくのかを考えてみようと、フォーラムを計画しました。これまで五回フォーラムを開催している「住民と図書館」メンバーが中心になり、県内の子どもの読書にかかわる諸団体に声をかけ、「みんなで語ろう子ども読書推進計画」実行委員会を発足させ、フォーラム開催にこぎつけました。

広瀬恒子さん（親子読書・地域文庫全国連絡会代表）が「本のよろこびを子どもたちへ」のテーマで基調講演。一九六〇年代から今までの読書運動の歴史を大まかにたどった上で、今、子どもの読書をめぐる状況はどうなっているのかを話してくれました。その中で、子どもの読書にかかわるボランティアが行政の安上がりの支え手になってはいけないと指摘されたことは、読書ボランティアが今一度、自分の位置を見直すきっかけになったのではないでしょうか。「公共の課題を権利として保障することを後退させない働きかけがいるのではないか」ということを強調されました。

小郡《おごおり》市立小郡小学校司書の野中紀子さんは「学校図書館のめざすもの」と題して、市立図書館と小中学校図書館をネットワークで結んで、図書館教育や読書活動をしている様子を報告してくれました。学校図書館に専任司書が配置されると、このようなことができるのかと感じさせる内容でした。しかし、報告後の質疑応答で、雇用条件以上のボランティア行為で仕事を支えていることや五年間で仕事をやめなければならない問題など、学校司書の厳しい現実が浮かび上がりました。

春日市民図書館司書、諸江朋子さんは「春日市ファーストブック事業」について、四ヵ月児健診のときに、「赤ちゃん絵本とわらべうたの紹介」と「赤ちゃんの図書カードの作製と絵本の貸し出し」を実施している様子を発表してくれました。

県立図書館の河井律子さんは「『子ども読書推進計画』福岡県のいま」と題して、推進計画の策定状況をパブリックコメントの受け付け状況を交えて報告してくれました。参加者は一六〇名ほど。なお、記録集「本のよろこびを子どもたちへ」(五二ページ)を作成中で、参加者に送る予定です。

(「身」柴田幸子)〈会報39号　二〇〇三年一二月二二日より〉

子どもの読書環境整備と県立図書館

二〇〇一年一二月、「子どもの読書活動の推進に関する法律」が議員立法で作られました。衆議院文部科学委員会における附帯決議の三項に「本と親しみ、本を楽しむことができる環境づくりのため、学校図書館、公共図書館等の整備充実に努める」とあり、心丈夫な決議文です。今、子どもの読書に関しては追い風、と言いたいところですが実際はどうでしょう。ほとんどの人、子どもの本のボランティア活動をしている人でさえ、この「子ども読書推進法」について知っている、あるいは関心を示す人が少ないのが現実です。県の「子ども読書推進計画」策定に向けてパブリックコメントを受け付ける期間がありました。私たちボランティアや県民が意見陳述できる機会であったのに、意見提出はわずか二〇人でした（福岡市の司書の会は三四人分をまとめて一人の名前で提出）。なぜだったのでしょうか。

1　原案の入手が難しく、福岡市総合図書館や教育委員会、教育事務所、インターネットなど限られていました

2　期間が短い。わずか、二週間で原案を入手、読み砕き、まとめて提出するにはあまりに短い期間でした。日常生活の中から時間を捻出して活動しているボランティアの実態を担当者は理解できるでしょうか。パブリックコメントには、少なくても一ヵ月は必要です

3　多岐にわたる項目があり、まとめづらい上に、意見は決められた様式で、一項目ごとに住所・氏名を明記するように定められていました（司書教諭や司書、ボランティアからも「意見を提出することで、不利益をこうむることはないのか」という問い合わせがありました）。それに、原案は一般人には非常に理解しにくい、まとめにくい、分かりにくい文章でした

など不満が残りました。県や県立図書館担当者に本当に県民の意見を真摯に聞こうという姿勢があっただろうかと疑問に思います。

疑問といえば、フォーラム開催についても県立図書館の姿勢には多くの疑問を持ちました。わずかな準備期間で開催しようとした私たちのほうに無理があったのかもしれません。そのことは反省したいと思います。が、本来は県がシンポジウムやフォーラムを開いて県民に周知するべきことでしょう。しかし、予算面のこともありできないというのなら、住民との〝協働〟という形がとれたのではないでしょうか。

今回、フォーラム「住民と図書館」のメンバーとして六回目のフォーラム「本のよろこびを子どもたちへ」を開くために、県立図書館のレクチャールーム使用を申し入れたのに対して、担当課長から「私たちは民間の貸し部屋業者とは違う。審査をしてしかる後に……」と言われました。目的は「子ども読書推進フォーラム」と出しているにもかかわらずです。誰が、どんな目的で、誰を対象としているかを考えれば、このような対応はできないはずです。行政だけでも、ボランティアだけでも成果は上がらない、協働して初めて成果も出ると、私たちボランティアは自分の時間と労力とお金を使って走り回っています。他の部局に比べ、どこよりも民主的であるはずの図書館がこれでは、図書館の根幹にかかわることです。県民サービス最前線それが県立図書館、と今一度考え直してほしいものです。子ども読書推進の環境整備以前の問題です。

〈会報39号　二〇〇三年一二月二二日より〉（「身」力丸世一）

ブックスタートに市民の声を

赤ちゃんに絵本を読み聞かせることで親子のふれあいを深めてもらおうと、赤ちゃんのいる家庭に絵本を贈る「ブックスタート」運動が各地に広がっている。二〇〇三年一〇月末現在で五五〇以上の自治体が支援事業を手がけているという（「朝日新聞」二〇〇三年一一月一一日夕刊より）。福岡市でも九月議会で、山崎市長が「ブックスタートを実施する」と答弁。来年度から乳児の四ヵ月健診のときに絵本を贈ることになった。

福岡市では、すでに昨年（二〇〇二年）九月から類似事業「絵本ふれあいタイム」が実施されている。各区の保健センターで行われている四ヵ月健診に訪れた親子に、各区（七区）図書館おはなし会のメンバーが中心になってボランティアで、「絵本ふれあいタイム」の趣旨を話し、わらべうたや絵本の紹介をしている。私も博多図書館おはなし会の一員として博多保健センターに出向いている。が、ボランティアは年一回の研修で「絵本ふれあいタイム」の趣旨を話すのはとても大変だと感じている。ここはやはり、本のプロである図書館員が趣旨を話すほうが良いと思う。ブックスタートに切り変わる来年度には図書館員が四ヵ月健診に出向いてほしい（現在、現場では保健センターとボランティアで担っている）。私たちボランティアも絵本の読み聞かせやわらべうたの紹介などで協力は惜しまないつもりである。保健センターと図書館とボランティアの三者の協力のもとにブックスタート事業を推進してほしい。

図書館員が加わることによって、絵本のほかに図書館の貸し出しカードの申込書を添えることができ、登録する親子が増えたという他都市の実情を耳にする。ブックスタートをきっかけにして、子どもの成長に応じて、継続的に本と出会える環境を整える必要があると思う。ここに、図書館が責任を持つ部局として加わってほしい理由がある。〇、一、二歳児向けのおはなし会を開いてフォローアップをはかる図書館も増えている。しかしなんといっても、赤ちゃんを連れて歩いて行ける範囲に図書館があることが大前提である。（「身」柴田幸子）〈会報39号　二〇〇三年一二月二二日より〉

図書室が育てる学力　三月二一日NHKテレビ「おはよう日本」から

先日、テレビで興味深いニュースを見ました。山形県鶴岡市立朝暘《ちょうよう》第一小学校が学校図書館を使うことで学力がついているという内容でした。全校生徒数六八〇人、蔵書冊数一万冊。平成一五年度学校図書館大賞（社団法人全国学校図書館協議会主催）受賞。子どもの生活と学習を豊かにする図書館活用教育、つまり図書館機能を学校全体に広げる学校・保護者連携の取り組みが評価されたそうです。その取り組みとは、

・学校内での図書室の場所を変えた（クラス二つ分の広さ）
・学校長を中心に図書館活用教育を学校経営の中心とした
・どの子も図書室になじみ、活用する方法が身についている
・年間一人当たり五七冊から一二七冊の貸し出し（たくさん本を読む→知性を喚起）

・本に親しめる環境作り→学習意欲へとつなげた→学力の向上
・図書室へ来ない児童には学校司書が手紙を書いたりして誘いを仕掛けた
・教師の教えたことは右から左へと抜けていくことも多いが、子どもたちが図書館資料を使って自分で調べたことは残っていく（週一時間以上図書室を使っての学習）
・図書室で調べると自分なりの答えが出るので基礎学力がついた。友達同士、調べた内容を見せ合い、さらに調べ学習を発展させている

などです。

どこにどんな本があるのか、子どもたちはクイズ方式で覚えていきます。黒板に教師が書き、子どもたちはひたすら書き写すだけの一方的な授業ではなく、疑問に思ったことや分からないことを自分から調べる図書館活用教育です。（「身」力丸世一）

〈会報40号　二〇〇四年四月五日より〉

福岡市子ども読書活動推進計画の策定始まる

二〇〇四年六月三日から福岡市子ども読書活動推進計画の策定が始まりました。一五人の策定委員に加え、実務者として二〇人のワーキンググループメンバーのもとに開かれています。願わくば委員の方々が、子ども、子どもの本、子どもの現状をしっかり理解し、国の定めた「子どもの読書活動の推進に関する法律」に限りなく近づいてほしいです。国が制定した子ども読書推進法は何よ

り子どもの読書環境整備を打ち出しています。物理的に本があるというだけではなく、子どもに本を手渡す「人」がいることも重要でしょう。学校図書館・公共図書館・ブックスタート現場で、「人」といってもそれはただ単に人が存在しているということではなく、きちんと子どもに本をつなげる人という意味でしょう。「九州の兄貴」的存在である福岡市、政令都市の中でも一番元気があるという福岡市です。全国から注視されています。私たちも策定を見守っています。

（「身」力丸世一）〈会報41号　二〇〇四年七月二二日より〉

子ども読書活動推進計画策定委員会に出席

策定委員会は五回開催の予定で、二回目を終えたところです。すべて公開で、傍聴もできます。策定委員の意見を聞きながらワーキングメンバーが推進計画を策定していきます。

二回目の委員会では「推進計画骨子案」に対して意見を述べることになっていました。私はブックスタートボランティア代表として委員になっています。ブックスタート事業は、各区の保健所で行われる四ヵ月児健診のときに、ブックスタートの趣旨を説明しながら絵本の入ったブックスタートパックを手渡す事業です。「他の都市や同じ政令都市の大阪市では図書館員が健診の現場に出向いて、ブックスタートの趣旨を説明しながらブックスタートパックを手渡しています。福岡市は各区の図書館分館の職員体制が厳しく、保健所に派遣する予算もないし職員も足りないということで、図書館員を派遣する代わりに各区の図書館分館のおはなし会のボランティアが保健所に出向いています。しかし、この事業を永続的なものにするためにも図書館員の派遣とそのための予算をとってほしい」と意見を出しました。

学校図書館の「学校司書配置の充実」については、福岡市立の小中養護学校は二〇〇校を越えますが、五年間ですべてといかなければ一〇年かけてでも学校司書を配置して下さい、三年で学校司書を引き上げることはしないで下さいとも述べました。

「全学校に学校図書館ボランティアの設立」という案については、ボランティアに丸投げにならないように、学校側がきちんとした教育方針をもって核になる司書教諭とか学校司書がいて学校の読書活動の中にボランティアが位置付けられることが必要で、人件費を節約するためだけのボランティア活用は困りますと述べました。

なお、「第一回策定委員会議事録」および「推進計画骨子案」に目を通したい方は声をかけて下さい。次回委員会は九月上旬の予定です。（「身」柴田幸子）

仙台市に学ぶ子ども読書活動推進計画

福岡市の子ども読書活動推進計画の三回目の策定委員会が二〇〇四年九月一七日、ふくふくプラザ六階で午後二時から開かれました。この日は「推進計画素案」に対して意見を述べることになっていました。

司書教諭、学校司書、ボランティアなど学校図書館現場にかかわっている委員からは、具体的な施策を数値目標も入れて計画に盛り込んでほしいこと、財政措置を講ずることのできる行政の力に期待していることが異口同音に述べられました。アンケート調査結果から現状分析はされているが、だからどうするのかが見えてこないこと、市民への啓発にとどまっていることが多いという意見も出ました。

これに対して、行政側の委員からは、計画には具体的な数値や踏みこんだ内容は書かないほうがよいこと、計画から具体的な施策が出てくるわけで、どこまで書くかは慎重にしてほしいという意見が出されました。まずは市民や保護者への啓発が必要であるという意見も出され、現場にかかわっている者の意見と行政側の考えがくっきりと分かれました。

策定委員として各地の「子ども読書活動推進計画」に目を通しました。その中で、仙台市（人口百万人前後）のものが、福岡市と同じ政令都市ということで参考になると思い、原案ですが、比べてみました。

まず、アンケートのとり方ですが、仙台市では小学五年生、中学二年生、その児童生徒の保護者に限定し、市立全校を調査対象にしたことが良かったです。福岡市の場合、小学二年生、五年生、中学二年生、高校二年生、それぞれの保護者、それに、就学前児（一歳半児・三歳児）の保護者と多岐にわたり、また、各学年とも各区（七区）一クラスを調査対象としたため、無作為とはいえサンプルの抽出の仕方が問題になります。

仙台市の場合、対象を絞り、対象者全員を調査し、調査結果から浮かび上がってきた問題点を把握し、それに対処しようという姿勢が感じられます。例えば、「子ども読書アンケート」の結果によると、学校図書館を利用する際に困ることとして「読みたい本がない」が約四割と高い割合で上げられていることから、「今後、図書資料を揃える際には、司書教諭や学校図書事務員の図書に関する豊富な情報を生かすとともに、学校図書館の前にリクエストボックスを設置したり、子どもと実際に書店に行って購入したりするなど、子どもの希望をできるだけ取り入れ、子どもが読みたくなるような本を揃えることに最大限配慮する」と計画に述べています。

また、仙台市のほうは「学校図書館運営等の現状に関する調査」(二〇〇三年度)もしており、そこから浮かび上がってきたことに対処しようとしています。例えば、学校図書館を何に利用しているかの設問に対して、中学校の教員は「授業」での活用が最も多く、次いで「教材研究」となっていることから、「教師が教材研究等のために図書を利用できるような環境づくりも必要と考える」としています。

仙台市の計画の特徴は学校図書館に力を入れた計画案といえます。「学校図書館を司書教諭と協力しながら効果的に運用できるように、学校図書事務員を全市立学校に配置しており、平成一四年度からは、この学校図書事務員を二人体制にし、週五日勤務とした」と計画原案にありますから、司書教諭と連携して学校図書館の運営をする人がいるという前提があり、この差は大きいと思います。福岡市では、小中校合わせて三〇校にしか学校司書がいなくて、しかも司書一人が二校かけ持ちです。

仙台市の計画では、学校図書館を「読書センター」としてだけでなく「学習情報センター」として、きちんと位置付けています。そして、司書教諭の研修、学校図書事務員の研修だけでなく、学校長のリーダーシップのもと全教職員が読書の意義や重要性について理解を深めるための研修機会の充実（校内体制の整備）までうたっていますし、学校図書館と市立図書館との連携の推進にもふれています。

また、重点施策として数値目標を設定しています。

一ヵ月間に全く本を読まない児童生徒の割合の目標

	平成19年	平成22年
小学校	7・5％	7％
中学校	20％	18％

「読書の時間」に週一回以上取り組む学級の割合の目標

	平成19年	平成22年
小学校	85％	90％
中学校	80％	85％

「朝読書」に週一回以上取り組む学級の割合の目標

	平成19年	平成22年
小学校	75％	85％
中学校	70％	80％

市立小中学校の学校図書館の一人あたりの年間平均貸出冊数の目標

	平成19年	平成22年
小学校	28冊	32冊
中学校	7冊	9冊

市立図書館児童書蔵書、一五歳以下一人あたり平均蔵書冊数の目標
平成19年　4・5冊　　平成22年　5冊

市立図書館児童書、一五歳以下一人あたりの年間平均貸出冊数の目標
平成19年　9冊　　平成22年　10・5冊

ところで、福岡市の計画では、なんの数値目標もないまま「学校図書館相互の図書資源のネットワーク化」が新しく盛りこまれました。市立の幼・小・中・高・養護学校の図書をコンピュータによるデータベース化し、学校図書館相互の図書資源の共有化（ネットワーク化）を図るとしています。人の配置のないまま学校図書のネットワーク化をうたっています。データベース化を誰がするのでしょうか。（「身」柴田幸子）〈会報42号　二〇〇四年一〇月二八日より〉

赤ちゃんに言葉の贈り物　ブックスタート事業の目的は？

二〇〇四年八月から、いよいよ福岡市でブックスタート事業が始まりました。赤ちゃんに絵本を読んで聞かせることで親子のふれあいを深めてもらおうと、乳児健診のときに絵本の入ったブック

スタート・パックを贈る事業です。

これまでも、二〇〇二年九月から各区の保健福祉センターで四ヵ月健診を受ける赤ちゃんと保護者に各区図書館おはなし会のボランティアが二人ずつ出向いて、絵本の読み聞かせの実演やわらべうたの紹介をしてきました。区によって違いますが、月に三回ほど、一〇分間ほどの実演を健診の合間に三、四回行います。赤ちゃんがわらべうたに興味を示し、手足をバタバタして喜ぶのを目の当りにするとやりがいを感じないわけではありません。

しかし、市内七区、一年間に二四〇回の乳児健診時に、初めて絵本にふれるであろう赤ちゃんは一万三千人。一回の健診に六〇組前後の親子が訪れ、健診の合間に保健師またはボランティアがブックスタート・パックを渡すというハードなスケジュールでは、メッセージを伝えながら絵本を渡すというブックスタート本来の趣旨が本を贈られる親子に伝わっているとは思えません。

ブックスタート事業とは何なのか、原点に返って考えてみましょう。「特定非営利活動法人ブックスタート」が出している〝ブックスタートの大切な五つのポイント〟の一つに、「ブックスタートは赤ちゃんと保護者が絵本を介して向き合い〝あたたかくて楽しい言葉のひととき〟を持つことを応援します」とあります。母乳やミルクが赤ちゃんの体の成長に必要なように、赤ちゃんの心をはぐくむには、言葉をかけることが大切だということでしょう。

今、若い母親の中には、赤ちゃんにどう接していいか分からなくて、大人に声をかけるように言ってしまうとか、「〇〇ちゃん」と話しかけることができないとか、子どもに歌うのは恥ずかしいという人もいるようです。そのためか、親と目を合わせることができない子や他人とコミュニケーションがとれない子どもが増え、問題になっています。

そんな母親たちに、赤ちゃんはとても耳が良くて聴き取る力があるのだから、たくさん語りかけてあげてほしいこと、語りかけられることで心がはぐくまれ、やがて子どもが自分の気持ちを言葉で表現できるようになることを伝えることが必要です。それに、言葉を使うことによって人は人間になるわけで、父母からたくさんの言葉をかけてもらわないと、子どもは言葉を習得できないことを保護者に自覚してもらうのがブックスタートではないでしょうか。

もう一つ、テレビの長時間視聴の問題が最近、浮かび上がってきました。授乳中や食事中にテレビやビデオをつけている家庭がとても多く、福岡市のＮＰＯ法人「子どもとメディア」が昨年（二〇〇三年）度に、北九州市内の小児科医院の協力を得て、保護者から聞いた結果、八〇％前後に上る（「西日本新聞」二〇〇四年四月二〇日より）ことが分かりました。また、テレビやビデオを長時間見る家庭の子どもは、そうでない子どもに比べ、言葉の発達が遅れることが小児科の医師たちの調査で分かり、医師たちは乳幼児期は言語の発達に重要な時期でテレビやビデオの影響は大きいとして、二歳以下の子どもにはテレビやビデオを長時間見せないなどの提言もしています（「西日本新聞」二〇〇四年三月三〇日より）。実際、一日に七、八時間テレビ、ビデオを見ていた一歳八ヵ月の乳幼児が、なかなか言葉を覚えず、親とも視線を合わさないということがあり、これに似た事例がたくさんあるといいます。テレビの長時間視聴で、親や友達との会話やふれあいが減るため、社会性や対人関係の成長が阻害されるという問題も起きています。

このことからも、乳幼児期に言葉をかけることの大切さが分かります。この言葉かけの延長上に、わらべうたや子守歌を歌って聞かせること、絵本を読んで聞かせることがあり、ブックスタートはこのことと関係があると思います。絵本が、言葉や読書にかかわるものであることを考えると、絵本を手渡すのは保健師やボランティアではなく、本のプロである図書館員であってほしいと願うものです。

ブックスタートを図書館が責任ある部局として事業開始した都市のある図書館員の言葉です。

「ブックスタート事業はきっかけに過ぎません。その目的は親と子のふれあいにあり、必ずしも読書そのものにはないのですが、このきっかけを幼少期の親と子で終わらすことなく、子どもの成長に伴って継続的に本に親しむ環境を整備していくこと、この部分で、そのときどきのボランティアではなく、公的課題として行政が行う意味があるのではないでしょうか。図書館が責任を持つ部局としてかかわる必要があるわけです。生涯にわたる住民への資料・情報提供サービスの視点がなければならないし、そこからブックスタート事業を組み立てていかないと、生きがいボランティアの事業で終わってしまいます」。（「身」柴田幸子）

〈会報42号　二〇〇四年一〇月二八日より〉

学力低下、まずは図書館の整備を

日本の子どもの学力低下傾向が、経済協力開発機構（ＯＥＣＤ）の学習到達度調査（二〇〇三年）の結果で明らかになりました。原因として、槍玉に挙がっているのが「ゆとり教育」です。中山文部科学大臣が「国語や算数（数学）にもっと力を注ぐべきではないか」と述べ、ゆとり教育の象徴でもある総合的な学習の時間」の削減を示唆したといいます。本当にそうなのでしょうか。

二〇〇二年度から本格導入された新学習指導要領では「総合的な学習の時間」を初めとして「調べる学習」が取り入れられ、それまでの詰めこみ教育から、自ら学び、自ら考え、主体的に判断し、行動する力を育成する教育へと転換を図ったはずです。

二〇〇二年度、国は公立小中学校の図書購入費として、地方交付税に毎年一三〇億円を上乗せする学校図書整備五ヵ年計画にも着手しています。二〇〇三年度からは、一二学級以上の小、中、高校に司書教諭が配置され、学校図書館を学習・情報センターとして学校教育の中に位置付けようとしてきたのではないでしょうか。それに、問題になった「読解力」の低下の背景には子どもの読書離れがあると指摘されています。とすれば、読書センターとしての学校図書館整備も必要でしょう。

一一学級以下の小規模校も含め、現在、学級担任や教科担当との兼任である司書教諭を専任にするとか、学校司書を配置するとかが急務です。登校時から放課後まで一日中、学校図書館が開いていて児童・生徒にとっては学習・情報センターとして、読書センターとして、教師にとっては教材・教育情報センターとしてサービスできる司書がいることが必要です。本格導入から、たった三年で「ゆとり教育」をご破算にするよりも、図書館を中心にすえた教育に予算と人を充実させてほしいものです。

その意味でも、「福岡市子ども読書活動推進計画」の策定委員として、市立の全小学校と養護学校の学校図書館に学校司書を配置してほしいと意見を述べてきました。昨年（二〇〇四年）一二月二〇日から今年一月一九日までがパブリック・コメントの募集期間で、この間に寄せられた意見は、個人と団体あわせて九五件（項目数で三〇一件）でした。策定委員の意見にしても市民の意見にしても、推進計画に反映されなかったのは残念です。策定委員として消化不良の感は否めません。

（「身」柴田幸子）〈会報44号　二〇〇五年三月二九日より〉

市議会を傍聴して　立ち止まる学校図書館

二〇〇五年三月二三日、市議会特別委員会において、金出《かないで》公子議員（民主・市民クラブ）が学校図書館について質問しました。会から二名傍聴。金出議員は、この三月に策定が終わった「子ども読書活動推進計画」にもふれ、読書を推進するには学校図書館の充実（資料充実と学校司書配置）が必要ではないかと質問しています。答弁は教育長ですが、学校図書整備費については財政局、最後は市長です。

●「子ども読書活動推進計画」について

Q　子どもたちの読書離れの現状を背景として、読書についての国の施策に大きな動きが出ています。平成一三年一二月には「子どもの読書活動の推進に関する法律」が公布・施行され、「子どもがあらゆる機会とあらゆる場所において、本と親しみ、本を楽しむことができる環境づくりのため、学校図書館、公共図書館等の整備充実に努めること」と述べています。福岡市でも「子ども読書活動推進計画」のパブリックコメントを終え、ほぼ策定作業を終えているとのことですが、どのような推進計画をたてましたか。

A　子どもたちが読書の楽しさや素晴らしさに出会い、読書を通じて人生を豊かにできるような環境づくりを進め、子どもたちの健やかな成長を目指すことを目標としている。家庭・地域・図書館・学校における読書環境の整備と市民への啓発を柱とし市民との共働の視点で施策を進めていく。具体的には、福岡市子どもと本の日の創設や子ども読書フォーラムの開催、学校における読書活動の充実などを計画している。

●学校図書整備費（図書購入費）について

Q　国においては、学校図書館図書整備五ヵ年計画（平成一四年度から五年間）で図書購入費として、毎年約一三〇億円、総額六五〇億円を交付税措置し、学校図書資料の計画的な整備を図ることとしていますが、福岡市の措置額はいくらですか。

A　平成一六年度の普通交付税の算定において、小学校分として約六千万円、中学校分として約五三〇〇万円が基準財政需要額に参入。

Q　小・中学校それぞれの五年間の学校図書整備費と新年度予算額を教えて下さい。

A　一二年度　小学校七三〇九万円　中学校九五三三万円
一三年度　小学校七三九九万円　中学校七四九六万円

一四年度　小学校九九七七万円　中学校七三三三万円
一五年度　小学校九九四七万円　中学校六六二九万円
一六年度　小学校九八七八万円　中学校六五〇五万円
一七年度　小学校六七四七万円　中学校六一六二万円

Q　平成一七年度の小学校の学校図書整備費は一六年度に比べて三一〇〇万円も減っていますがどうしてですか。

A　平成一四年度から一六年度まで、本の好きな方のご遺族から寄附金があったため、予算を増額していたもの。

Q　その寄附の目的は何だったのでしょうか。どのように予算に生かされたのでしょうか。

A　寄附の際、これからの社会を担う子どもたちの健全育成のため、児童図書の購入にあててほしいという申し出があり、総額九千万円を平成一四年度から一六年度までの三年間、小学校の児童図書整備事業および総合図書館の児童図書購入費とした。

Q　学校図書整備費は平成一二年度をピークに減少を続けています。なぜ減少しているのでしょうか。今年、「福岡市子ども読書活動推進計画」を策定し、実施しようとしている福岡市の方針に逆行するものと考えますが、ご所見をお伺いします。

A　児童生徒が全体的に減少しているほか、平成一五年度から福岡市全体の財政状況をふまえ、学校図書についても緊縮型の予算編成で節減に努めている。減少はしているが、基準財政需

	小学校	中学校
12年度	7309万円	9533万円
13年度	7399万円	7496万円
14年度	9977万円	7333万円
15年度	9947万円	6629万円
16年度	9878万円	6505万円
17年度	6747万円	6162万円

要額以上の額を予算化している。

●学校司書配置事業について

Q　教育委員会で定めている司書教諭と学校司書との職務の違いを教えて下さい。

A　司書教諭の職務は、学校図書館の活用および読書指導における校内の協力体制の中心として、これらを企画立案し推進するもの。学校司書の職務は、司書教諭等と連携し、学校図書館運営の実務的な業務を行うもの。図書ボランティアの指導助言も行う。

Q　司書教諭は専任ではなく、授業時間の軽減もほとんどない勤務状況で、学校図書館運営に司書教諭として充分な役割が果たせると考えますか。

A　司書教諭については、その職責を充分に果たせるよう、各学校の実情に応じ、校務分掌上の工夫を行うなど、教職員の協力体制の確立に努めている。

Q　国の基本計画の中にも、校長のリーダーシップのもと、司書教諭が中心となって学校図書館の機能の充実を図ると述べられています。福岡市でも校長に対する学校図書館の研修等も、必要ではないでしょうか。

A　校長・園長に対する「学校教育指導の重点」の説明会の際、図書館教育充実のための方針策定や指導体制づくりのあり方を具体的に説明すると共に、学校図書館が学習・情報センターや読書センターとして充分機能するようその充実について指導している。

Q　福岡市での学校司書配置事業の推移について教えて下さい。

A　平成八年度に小学校に学校司書一名を配置し、以後、配置校数、配置人数を順次拡大し、平成一五年度に七名まで拡大した。平成一六年度からは一五名に増員し、一名が二校を担当。現在、小学校二三校、中学校七校の計三〇校に配置している。

Q　新年度の学校司書の採用試験がこのほど行われたと聞きましたが、一五名の採用に対して受験者は何人（女性何人、男性何人）でしたか。

A　学校司書採用試験受験者数　女性一一三名　男性一一名　計一二四名

Q　図書館司書の有資格者のみ受験できる採用試験に多くの受験者が集まるということは、人材はいるということだと考えられます。現在、一人二校兼務で、一五名三〇校に配置されているとのことですが、学校司書配置による成果について教えて下さい。

A　学校図書館の整備が進み、児童生徒が利用しやすくなったこと
学校司書が読書相談に応じることで、児童生徒が本に親しむ機会が増えたこと
昨年と比較して児童生徒一人あたりの月平均読書冊数が増えたこと

Q　今の回答でも分かるように、素晴らしい成果が上がっていますね。また、教育長は、三月一四日に行われたY小学校での英語研究発表会に参加された折に「まず図書室を見たい」とおっしゃったとお聞きしています。教育行政のトップにいらっしゃる方が学校図書館に関心を持っておられることを嬉しく、頼もしく思います。「福岡市子ども読書活動推進計画」において学校司書配置の充実とありますが、具体的な数値を示すことはできないのでしょうか。今後の配置予定についてお聞かせ下さい。

A　一五名の学校司書が二校ずつ担当することで合計三〇校に配置しているが、今後ボランティアを立ち上げ、一定期間毎に配置校を移すことにより全校へ効果を広げていく。

Q　さいたま市では、平成一七年度中に学校司書の小・中学校への全校配置が完了します。千葉市は小学校一一九校すべてに配置が終わっています。福岡市の場合、小・中学校二一二校中二校兼務でわずか三〇校。中学校にも学校司書が必要であることは間違いありませんが、教育の均衡、公平のためにも、せめて小学校だけでも一四四校すべてに学校司書が必要だと考えますが、教育委員会としてはいかがお考えでしょうか。ボランティアでできないことがたくさんあるので是非全校にお願いしたい。

A　一定期間毎に学校司書の配置校を移すことにより、学校図書館の整備、学校図書館ボランティアの育成などの効果を全校に広げるよう努めていく。

Q　現在、兼任という勤務形態ですが、本来は常時、図書館に在室すべきです。週二～三日でも一校に専任で勤務できるようにしてほしい、という学校司書の声もありますが、いかがお考えでしょうか。

A　学校司書については現在、一人年間一五〇日の勤務日数を二校で協議のうえ各学校における勤務日を決めているが、より効果的な勤務のあり方について今後研究していく。

Q　平成一六年二月三日に出された文化審議会答申「これからの時代に求められる国語力について」では、読書活動推進の取り組みとして、「学校図書館に『人がいる』ことが大切」と述べています。また、その答申の中には「子ども読書活動推進計画」においては抽象的な目標でなく数値目標を示すことが望ましいとされています。これらのことから、「人がいる」学校図書館をめざして学校司書の全校配置を強く求めるものです。図書は知的財産の象徴です。読書は知的活動の重要な基礎のみならず、感性の育成、文章の表現力、考える力を培うために重要な役割を果たすものです。文字で書かれた問題の意味が理解できない子どもや青年(大学生)が多くなっているといわれる今日、明日の日本を支えるため、子どもたちにもっと読書をすすめる環境づくりは私たち大人や行政の責任と考えます。

市は大きな負債を抱えて大変な財政状況にあることは認識しています。また、この地震による被害者の救済、復興にむけて莫大な予算が必要です。しかし、未来を背負っている子どもたちの一〇年後を見据え、今こそ教育にお金をかけるべきではないでしょうか。市としての責任ではないでしょうか。小・中学校全校への学校司書の配置が現状では困難であるならば、まずは小学校一四四校に専任の学校司書の配置を切に願いますが、市長の学校図書館に対する前向きなご答弁をお願いします。

A

読書が子どもの人格形成に果たす役割は極めて大きく、さまざまな読書経験によって子どもの情操を豊かにしたり、国語力の基礎を育んだりすることが期待できる。子どもが本に親しみ、読書が楽しめる環境を作っていくことは、とても大切なことだと考えている。図書館は大変大事な施設と考えている。本市では「福岡市子ども読書活動推進計画」を策定中であり、その計画の中でも、家庭、地域、図書館、学校がそれぞれの役割を果たしていくと共に、お互いが、連携しながら子どもたちの読書への関心を高めることを目指している。この計画の趣旨に沿い、教育委員会と連携しながら学校図書館の一層の充実を図っていく。

●傍聴して思うこと

金出議員が学校図書整備費が平成一二年度をピークに減少しているのはなぜかと質問したのに対して、「児童生徒が全体的に減少しているほか、平成一五年度からは福岡市全体の財政状況をふまえ、緊縮型の予算編成で節減に努めている」と教育委員会は答えています。

しかし、昨年（二〇〇四年）九月定例議会で、人工島に新設する小中学校の用地購入・設計費約四六億円を盛り込んだ補正予算が可決されています。児童生徒が減少し、しかも、緊縮型予算が求められている現在、小中学校の新設が必要でしょうか。それよりも、学校図書館が学習・情報センター、読書センターとして充分機能するように、小学校一四四校だけでも学校司書の全校配置（一人一校）が必要です。それにかかる予算は約一億六二〇〇万円（だそう）です。（「身」柴田幸子）

〈会報45号　二〇〇五年五月三〇日より〉

こんなにある図書館の〝おはなし会〟

図書館サービスの最前線の一つで、子どもたちを本の世界へと誘う「おはなし会」の実態はどうなっているのでしょう。提供者のボランティアには研修が欠かせません。分館の「おはなし会」について各分館に聞いてみました（**●館名**　①おはなし会名称②開始年③会員数④年会費の有無⑤定例会の有無⑥研修について、その他）。

●東図書館

①どようおはなし会②一九七八年③一三名④無（報償費の中から適宜集める）⑤月一回⑥研修の情報は図書館が提供

●和白図書館

①名称なし②二〇〇三年③一五名④無⑤月一回⑥研修の情報は図書館が知らせている。県立図書館や福岡市総合図書館の研修に参加している方もあるようです

●博多図書館

①博多図書館どようおはなし会②一九八三年③八名④無⑤月一回⑥テーマを決め勉強、資料・テキストは図書館側が準備、司書の参加あり。県立図書館や、市民センターでのパネルシアター講座など情報を図書館が提供。ボランティアの要望で近年二回、博多図書館主催「わらべうた」の研修実施

●博多南図書館

①博多南図書館おはなし会「ゆでたまご」②二〇〇二年③一三名④無⑤月一回⑥会員相互で紙芝居や〇、一、二歳むけ読み聞かせ、手遊びの勉強をしている。司書の参加あり。本年度は外部から講師を招いての講習も図書館に要望

●中央図書館

①どようおはなし会②一九八四年③二〇名④無⑤月一回⑥県立図書館、福岡女学院大学の講座などに参加している方もある

●南図書館

①南図書館おはなし会②一九七八年③三三名④無⑤月一回⑥南図書館で「子どもおはなし会通信」を会員に送っている

●城南図書館

①城南おはなし会②一九八四年③二九名④有一二〇〇円⑤月二回⑥実習中心の定例会が月一回、勉強会が月一回

●早良図書館

①早良図書館どようおはなし会②一九八二年
①早良図書館だっこしておはなし会②二〇〇〇年
（上記二会共通）③二二名④無⑤月一回⑥外部講師を招くこともあり。総合図書館の研修利用

●西図書館

①西図書館おはなし会②一九八八年③二九名④無⑤月一回⑥定例会で情報交換し、参加は各個人で

＊報償費は一回担当する毎に総合図書館から各個人に支給される〈会報45号　二〇〇五年五月三〇日より〉

付録

1　軍手人形をつかって「お花がわらった」

●準備するもの

・うすい緑色の軍手１枚（＝左手用）
（または緑色のフェルト）

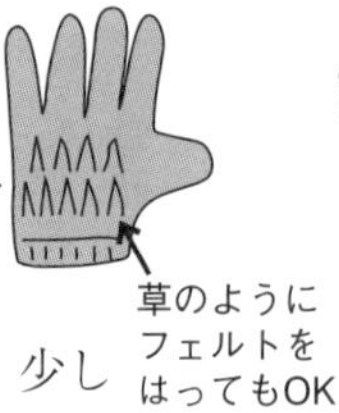

・白またはうすい色（ピンクなど）
の軍手１枚（＝右手用）
・赤のフェルト（黄でも紫でも花の色）少し
↓
右手の軍手の指部分にボンドではる
（中は切り抜き顔にする）

・小さな黒のビーズ10個（お花の目）

右手にする軍手を裏返しています。子どもたちの方から見た状態です。

右手にお花のついた軍手。左手に草を表す緑の軍手。

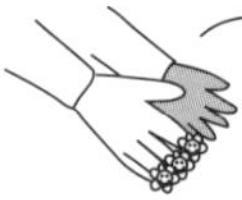

①「おーは…」

お花が見えないよう、左手をしっかり前に。

②「なが…」

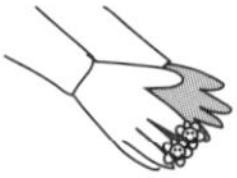

③「わーらっ…」

④「た！」

「わーらった」の「た」のところで花のついた親指が顔をのぞかせます。

⑤ ①〜④をくり返す

「おーはなが
　　わーらった
　おーはなが
　　わーらった
　おーはなが
　　わーらった
　みーんな
　　わーらった」

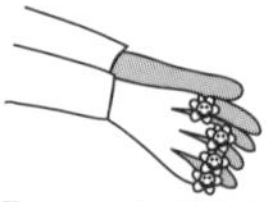

⑥「いーちどに…」

⑦「わーらった」

子どもたち側から見た様子。右手、お花のついた軍手を上からのぞかせるように。

この「♪おーはながわーらった…」のうたにあわせた軍手人形は、ブックスタートの時に使うこともあります。ちょっとつかれたお母さんも喜びます。幼児もキャッキャッと喜びます。ディケアで用いたら高齢者の方々が一人一人つくられ、20人くらいが一斉に演じたとき、本当にお花畑のような美しさでした。

2　なっとうの手遊び

胸の前で交互にまわす → ひっぱり合うように２度 → 親指、人差し指で○をつくり → 手を大きくのばし輪をつくる

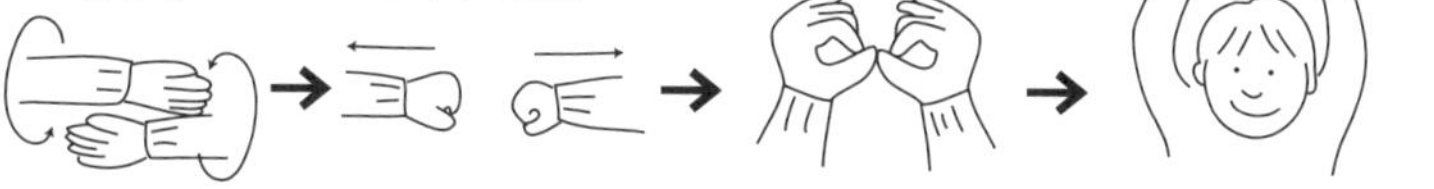

①なっとうなっとう…　②ねーばねば　③こつぶなっとう　④おおつぶなっとう

両手で両頬をつかみおかめのように → 「わらづと」に入ったなっとうをつかむような感じで → 互いに相手から肩を引くように →

⑤おかめなっとう　⑥水戸なっとう　⑦ひきわりなっとう　⑧ねーばねば

どっちが先でも良いが、大きい方が先だと流れがスムーズ

子どものようすを見て、７～８回くりかえす。

肩のところで両手を重ね力をためる

あっ！ →

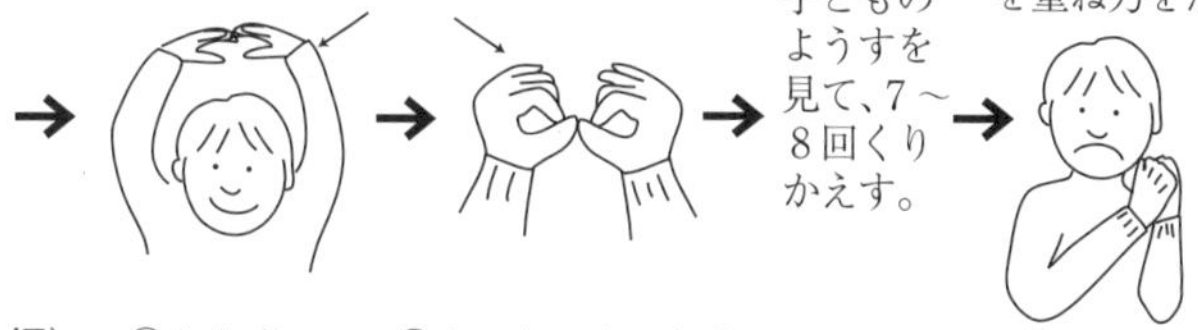

（この間が大切）　⑨おおきいなっと　⑩ちっちゃなっとう　⑪なーっ

はじけるように両手をいっぱい開いて前につき出す

⑫とう!!

＊２～３歳児から高齢者まで(高齢者はゆっくり)喜ばれます。高齢者は体操のようにリズムをとって行います。

＊大阪に住む孫が幼稚園での手遊びを教えてくれました。博多南図書館おはなし会「ゆでたまご」のメンバーに紹介したらワイワイ、ガヤガヤ、バージョンアップしてくれました。

3　人差し指と親指だけの手遊び

左手の親指と右手の人差し指、左手人差し指と右手の親指で四角をつくります。

→

上になっている左手親指、右手の人差し指を基点にぐるりとまわし、こんどは左手の人差し指、右手の親指が基点とする。

順に基点をずらし、上に上に上げていく。逆に下げていく。これを「♪もーつれんなもつれんな　ほーとけさまの　きーぬいと」の歌にあわせておこなう

⑪（両手にボートをもって
ゆっくりゆらす）

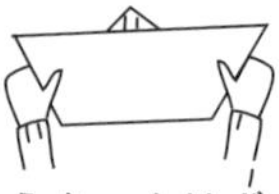

こうちゃんはボートに乗ってゆーらりゆーらり。とってもいい気持ち、ゆーらりゆーらり。

⑫

ところが今まであんなに良い天気だったのに、ポツリポツリと雨が降ってきた(左手にボート、右手を差し出し上を見るかっこう)。

⑬

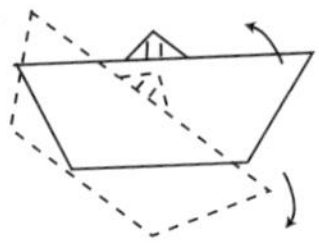

あれ、あれ、風もふいてきた（ボートを左右にゆらす)。

⑭

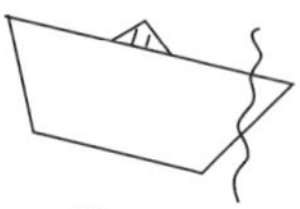

あ！岩にぶつかる！（ボートのへさきを右左順にぶつけるまねをして、ぶつかった先を大胆にちぎる）

⑮

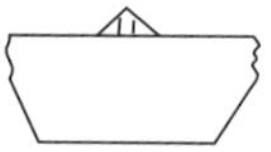

こうちゃんはあわてて近くの岩の上にはいあがりました。

⑯

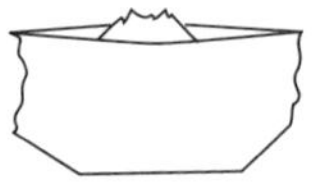

助かってホッとしたこうちゃんは、お腹がすいてきました。お母さんがつくってくれたオニギリをたべます(△部分をオニギリに見たて、今度もちぎって食べるまね。かなり大きくちぎる)。

⑰

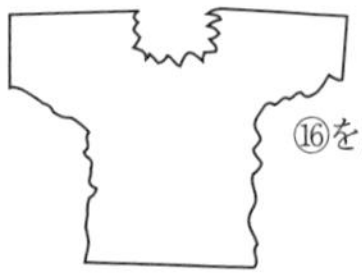

⑯を広げる

お腹がいっぱいになったこうちゃんですが、さっき雨にぬれ風に吹かれたでしょ。さむくなったので、お母さんが入れてくれた半そでのシャツを着ました。

⑱

⑰を開いて横向きに
たたみ直す

それでも寒かったので、長そでのTシャツも着ました。

⑲

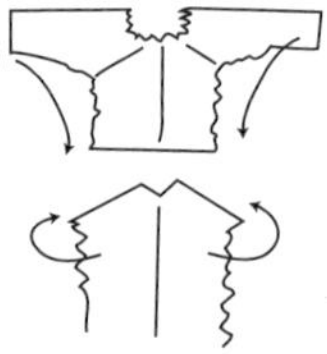

ようやく落ち着いたこうちゃんですが、「お母さん僕のこと心配しているだろうなー」とお母さんのことを思いました。

⑳　その時

ブーンと音がして飛行機が飛んできました。飛行機の窓からお母さんが「こうちゃーん」と手をふっていました。お母さんはこうちゃんをしっかり抱きしめ、それから二人で手をつないで帰りましたとさ。おわり。

＊新聞紙一枚で遊べます。岩崎書店の『しんぶんでおるぼうし』にもこの話に似たものがあります。それぞれの地で保育者がバージョンアップし、子どもたちを喜ばせているのでしょう。なお、デイサービスではおじいちゃん、おばあちゃんと、登場人物を変え話の内容も変えて行います。

4　新聞紙を折りながらのおはなし

●用意するもの……新聞紙

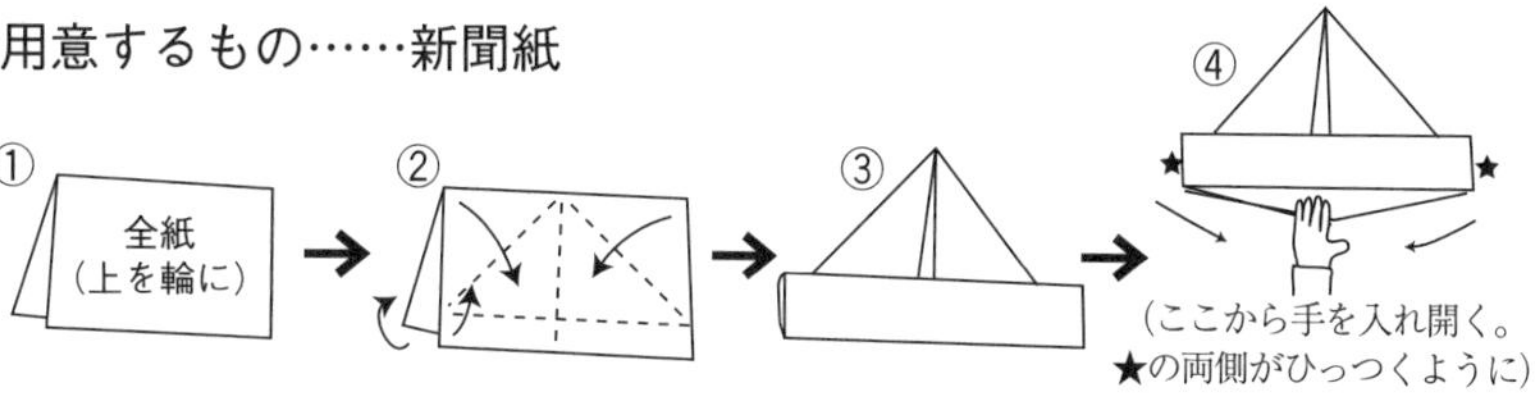

あるところにみんなと同じくらい元気な男の子、こうちゃんがいました。

ある日こうちゃんが出かけようとしたら、お母さんが「こうちゃん、出かける時にはボウシがいるね」と言いました。

そう言ってボウシをとってくれました。「ハイ！これボウシ」（と言ってともにかぶってみせる）。

「それからハンカチもいるよね」と言ってお母さんはハンカチもとってくれました。

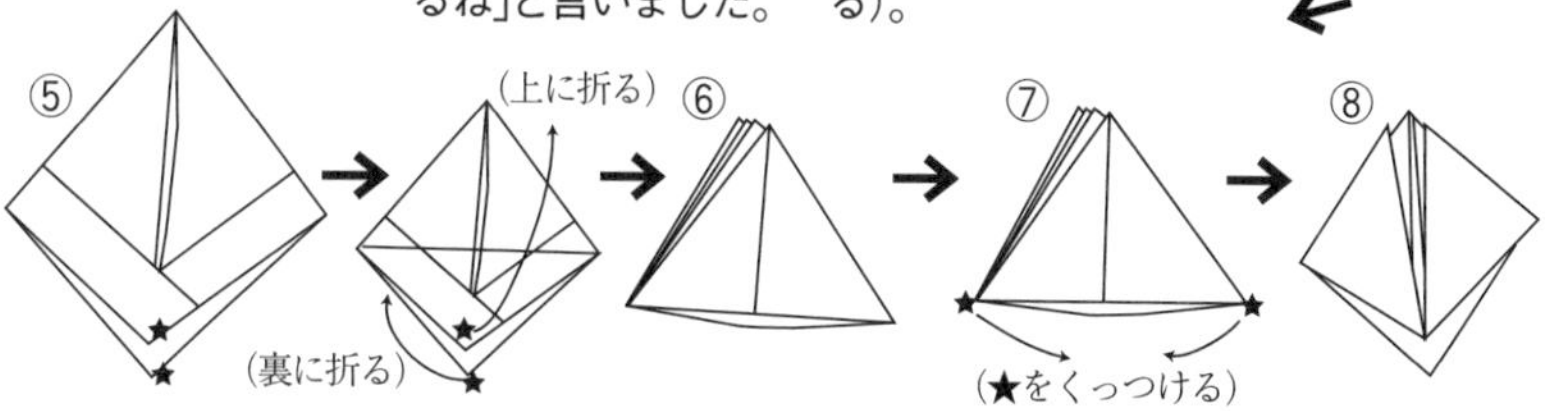

「ハイ、これハンカチ（真四角になった時にきちんと見せる）。それからお腹もすくよね」と言ってお母さんは…

おにぎりもつくってくれました。「ハイ！これオニギリ」。

それをお弁当箱に入れました。

「ハイ！これお弁当箱」

みんなお弁当のうた、知ってるよね。「♪これっくらいの　お弁当箱に　おにぎりおにぎりチョイとつめて　きざーみショウガにゴマしおふって　にんじんさん　さくらんぼさん　しいたけさん　ごぼうさん　穴のあいたレンコンさん　すじーの通ったふーき」（と手遊びをする。昔はさんしょう、と言っていたが今は子どもにあわせサクランボにしています）

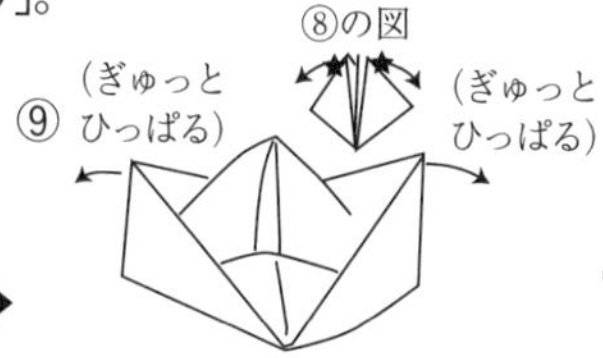

こうちゃんがお弁当をもってテクテク歩いていくと、おっ！（ここで手かざしをし遠くを見るジェスチャー。左手には新聞を持ったまま）向こうに池がありました。

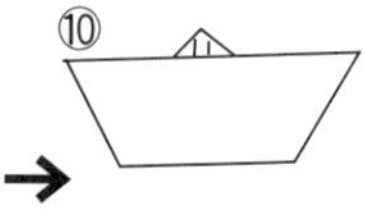

池の中にはボートが浮かんでいました。「ハイ！これボート」

第三章　暮らしのなかに図書館を

暮らしが見える図書館

「図書館を見ればそのまちの暮らしが分かる」とある新聞に書いてありました。柳川市の図書館はどうでしょう。

くつろぎコーナーでは新聞や雑誌を広げてくつろいでいる年配の方、英字新聞を広げ読んでみようと挑戦する中学生。畳の部屋では碁をさす人、その横で本を読みふけっている青年。おはなしの部屋にははしゃぎまわる子ども、そんな中でも居眠りしているお父さん。みんな思い思いの場所での時間を楽しんで帰っていきます。「うちの子は絵本を三〇冊も借りてきてびっくりした」というお父さん。柳川市では一度に借りる本の冊数が制限されていません。「画期的で、すごく嬉しい」とよく言われます。

開館して三年目を迎える柳川市の図書館。出入りする人の姿を目の前にして、年齢層がさまざまでこれだけの人が集まる場所はそうそうないと思い、図書館がなかった時代があったなんてウソのようです。

本館ができ、一年後に分館、そして来年、一九九八年にはもう一つ分館ができます。人口四万三千人の市に本館、分館三つの計画が進行中です。これも苅田《かんだ》町の図書館を見学し、圧倒され、いろいろな方から良いアドバイスを受け、考え、最初の素晴らしい基本構想を行政が着実に実行しようとしているからです。「育てる会」は市民の声を行政に届けるという役割を自覚し、そのために多彩な企画に参加したり、計画したりと、忙しく楽しく活動しています。〝図書館から人の輪〟、人と人との絆を結ぶ赤い糸のように、図書館を中心に人の輪が広がり住み良いまちができつつあります。

（柳川の図書館を育てる会　菊池美智子）〈第一回フォーラム「図書館をはじめる」に寄せて、「おせわになりました　これからもどうぞよろしく」一九九七年九月発行より〉

図書館の本、読んでみませんか

●『苅田町立図書館の３０００日』（増田浩次著　リブリオ出版　一九九七年発行）

福岡県の苅田町立図書館の前館長の増田浩次さんが図書館にかかわった八年（約三千日）間の実践をドキュメント形式で綴っています。増田さんは今年（一九九七年）一〇月一日の私たちのフォーラムにもパネラーとして参加して下さいます。

●『ようかいいち通信』（西田博志著　サンライズ印刷出版部　一九九七年発行）

滋賀県の八日市市立図書館長を今春退職した西田博志さんという方の著書です。一九八四年に八日市市の図書館づくりにかかわるようになってから退職するまでの四七回分の通信です。読みやすくイラストも素敵です。（以上二冊、「身」力丸世一）

〈会報12号　一九九七年九月八日より〉

●『図書館員として何ができるのか』（西田博志著　教育史料出版会　一九九七年発行）

私の特に印象に残った箇所は、なかえよしをさんの作品『哲学する赤ちゃん』（秋書房、一九九〇年）を取り上げて、こう言っているところです。「人間にしかできない、人間にとって一番大切なこと、それが『想像する』ということである。（中略）『見えるものでなく、見えないものにまで考えがいくように、よーく、よーく、考えること』、そのためにこそ図書館は存在すべきではないか、そのように私は考えています。楽しみやビジネスのために役立つ図書館も、もちろん必要です。しかし、この目的を忘れた図書館は、もう図書館とは言えないと思います」と。私はずーっとそのために図書館にかかわってきたのかもしれません。そう思う一冊でした。『哲学する赤ちゃん』は絵本です。こちらも是非読んでみて下さい。

●『建築画報　二六九　特集・公共図書館建築』（監修　菅原峻　建築画報社）

二五の図書館がとりあげられています。設計者側と図書館側との考え方、とらえ方、そのまちの将来をどう考えているのかの一端を見る思いがします。

九州・沖縄の図書館が五館とりあげられています。沖縄県豊見城《とみぐすく》村立中央図書館、長崎県森山町立図書館、佐賀県伊万里市民図書館、佐賀市立図書館、それに福岡市総合図書館も掲載されています。（以上二冊、「身」力丸世二）

〈会報15号　一九九八年六月三日より〉

図書館の広域利用について

一九九九年七月一日の西日本新聞では、福岡市近隣八市と五町一村の参加により、来春から、どの図書館でも本の貸し出しに応じてくれるという広域利用の記事を読みました。画期的なことで嬉しくなりました。

現在、私は博多区の隅っこに住んでいます。それで、総合図書館はもちろん博多図書館でさえも、不便なダイヤのバスに乗って行かなければなりません。総合図書館には往復千円の交通費をかけて、一日旅行のような気持ちで行きました（三回）。「どんな本があるのかなー」というウインドショッピング的楽しみは満たされますが、座ってペラペラながめる場所すら確保されず、重たい本を何冊も借りてくるなど考えられません。まさに見学という感じでした。図書館を利用するのに、高い交通費までかけて行くというのに抵抗を感じ、福岡市の利用カードは作っていません。

図書館を憩いの場として利用したい私には、幸いなことに自転車で一五分の所に、大野城市までかぴあ図書館があり、いつも利用させてもらっています。ここは、市外の人でも利用でき、新しく出版された本などをリクエスト（一回五冊まで、電話でも可）すると、購入してくれたり、近隣（一番遠かったのは柳川市）の図書館に問い合わせて取り寄せては、そのつど電話で知らせてくれます。なかったら、その由を電話で返事があり、その親切に頭が下がります。

これからの高齢化社会を考えたとき、本当に日常生活に密着した、エプロンがけでサンダル履きで行けるような図書館が身近にできることを切に願います。（「身」宮本真弓）

〈会報20号　一九九九年七月二七日より〉

図書館が広げる好奇心

久しぶりに「ランド・アンド・ライフ」から通信が届いた。それはナバホからバビ・キャダニーさんが来日して「地球の人びと（インディアン）が私たちに示すこと」について話し合いを持つという案内だ。彼は伝統を守り、強制移住を受け入れないディネ族、ホピ族の長老たちの声を伝え、サポートし続けている人である。

私は一五、六年前、「ホピの予言」の上映会をしたのを機会にアメリカ先住民の世界に心酔していった。それは、スリーマイル事故、チェルノブイリの事故から原発はいらないと思う気持ちと無縁ではない。それからアメリカ先住民関係の本を読みあさった。もちろん、大いに図書館を利用してである。そして購入した本も多い。以前は図書館近くの本屋さんは繁盛するものだと聞いていたが、今は図書館の近くに本屋さんはあるだろうか。私は身近に図書館がほしいと切に願う者だが今

は図書館のありようが見えなくなっている。（「身」梅田順子）〈会報21号　一九九九年一一月二五日より〉

図書館は文化・知識の上水道

一九九九年一一月一二日、「山口県図書館振興県民のつどい」に参加しました。「町に図書館ができることは、地域に文化・知識の上水道ができること。図書館はその蛇口の役割を果たし、上質の水が流れてくるのです」という糸賀雅児氏（慶應義塾大学教授）の話を聞きました。たとえ、その図書館にない資料でも県立図書館や県内外の図書館の資料が流れてきて、ダムや貯水池の水を的確に使えるというのです。

図書館がなくても公民館があるからいいではないかとよくいわれます。福岡市は小学校区に一つの公民館があります。確かに公民館もこれまでは社会教育の役割を果たしてきました。家庭教育学級、婦人学級、高齢者教室などです。そして、これらは集団学習形態が主になっています。生涯学習を考えるとき、これからは基本的には個人学習が主になり、その多様な学習ニーズに答えられるのは図書館ではないでしょうか。読みたい資料をリクエストできるのは図書館だけです。たった一人がリクエストした資料を図書館は草の根を分けても探し出してくれます。

また、今日、一年間に出版点数六万点を越えるという情報洪水の中で、「情報を選びとっていく浄水機能も図書館は担っています」という糸賀氏の言葉にうなずきました。良質の出版文化を支えていくのも図書館であり、買い支え、読み継がれるものを伝えていく役割を持っているわけです。そのためにも、情報を選別できるプロ、経験を積んだ職員が必要です。

さて、一九九九年は図書館に関する本がいくつか出版されました。五月完結の『前川恒雄著作集』（全四巻、出版ニュース社）や小柳屯《たむろ》著『木造図書館の時代』（石風社）です。小柳氏は福岡県大牟田市立図書館で一九五二年から三八年間実務に携わった方だそうです。どちらも「今の公立図書館の基礎を作った一九六〇年代の改革運動の息吹きを伝える本」と朝日新聞（一九九九年七月二五日朝刊、「動向傾向」欄）で紹介されました。また、山本哲生著『図書館の時代がやってきた』（教育史料出版会）は会で購入しています。山本氏は山口県周東町の図書館長だった方です。これからの活動を考える上で、どれかに目を通してみてはどうでしょう。（「身」柴田幸子）

〈会報22号　二〇〇〇年一月二六日より〉

図書館は資料室、だからもっと落ち着きたい

仕事上必要な資料をためこむのは必要最小限にとどめるようにしている。そうしておかないと部屋のスペースはいくらあっても足りないし、仕事のために資料を揃えているのか、整理をするために揃えているのか分からなくなってしまうからだ。そんな私にとって図書館は重要な資料室なのである。以前は箱崎にある県立図書館に行っていたが、狭い上に二階でテーブルを確保するのにカウ

ンターに申し出ねばならず煩わしかった。百道浜《ももち》に福岡市総合図書館ができてからはもっぱらここへ通っているが、訪れるたびに何かしら落ち着かない気分になってしまうのである。

建物の外観は美しいとはいえず、さりとて建築界に一石を投じるほど前衛的でもない。タイル、石、金属、ガラスがちぐはぐに用いられ、やたらと無意味な凹凸のあるデザインはまるで斎場か変な宗教の本部のようである。そして、なにより遠目にそれと分かる「としょかん」のサイン（文字）が外壁上部のどこにも掲げられていない。これは施設の公共性を考えると大きなバツだ。

この、人が近づくことをかたくなに拒むかのような外観は「威厳こそすべて」という前近代的な行政の本質を現している、というのは皮肉がすぎるだろうか？　内部に足を踏み入れるとさらに気持ちは沈む。壁、床、天井の素材、デザインは外観以上にちぐはぐで、必要以上に大きなガラスを通して臨む悪趣味な中庭を囲むあたかも古代の城内を思わせる複雑な間取り（いったい誰が図書館に攻め入るというのだろうか？）がその猥雑さを際立たせ、数ばかりが目立ち、位置、光量共に不適切な照明器具が陰鬱さに拍車をかける。

調べものという目的のために、これらに目をつぶっても書棚と書棚、書棚とテーブルの間隔が気になる。特に二階は、資料的な要素を含む大型本や判型は小さくとも分厚い本が多いにもかかわらず、一階よりも通路が狭いのである。気を使って体を横にしないと人とすれ違えない通路は、公共の場とはいえ図書館という「個」のための空間としては失格である。さらに決定的なのはテーブルと椅子のまずさだ。レイアウト、色、デザインがばらばらで、一般的な本が主体の一階には傾斜のあるものや比較的高めのテーブルがあるのになぜか二階にはない。テーブルが低いばかりかそれと高さの合わない椅子に腰かけ、大型本を広げメモをとっていると、三〇分もしないうちに腰がだるくなり、いらいらしてくるのである。一見、大型テーブルあり、ソファーありの配置は細やかな配慮のように感じるが、使ってみればどのスペースも中途半端で落ち着かないのである。

聞くところによると、この建物を設計した人物は受注後の視察のため図書館を見学はしたものの、利用者として足を運んだことはないという。それを聞いたとき私は絶句するしかなかった。かつてこの国では自動車を運転しない人々が自動車を設計し世に送り出していた時期があった。その製品がどれほどひどいものだったかは言うまでもない。

それから半世紀たった今でも、同様に理不尽なことが、もっともらしい言い訳を伴ってまかり通っている現実が、この国の人々の文化レベルの低さを物語っているのではないだろうか。「物質的に恵まれさえすれば豊かになれる」という「魔法の言葉」を信仰している限り、本当の意味で幸せにはなれず、消費社会のカモになるだけである。行政もまたしかり。

（タウン誌「ふれあい」編集委員　戸倉直毅）〈会報25号　二〇〇〇年一〇月五日より〉

セミナー「分権・行革の時代の公共図書館」に参加して

福岡県筑紫野市では、昨年（二〇〇〇年）四月から筑紫野市立図書館の運営をビル管理会社に委託しました。経費削減を図る自治体が、労働者派遣法の改正を機に、図書館のほとんどの機能を民間会社に委託したというのです。このことを受けて、二〇〇一年三月四日、日本図書館研究会九州ブロックセミナー「分権・行革の時代に――公共図書館が公立であることの意味を考える――」が福岡県立図書館を会場に開かれました。

自分たちのことは自分たちでという地方分権の考え方と、必要なことを最適な方法でという行政改革の考え方、そういう地方行政の流れの中に図書館行政もあります。その中で、公共サービスとしての図書館サービスが、住民の税金による公立図書館によって運営、提供されることの意味を考えるセミナーでした（午前と午後の二部構成でしたが、午前の部の講演内容をまとめました）。

地方分権の中の図書館　図書館の公共性と公立性

山口源治郎（東京学芸大学）

●「公立」図書館の制度化の意味

公立図書館ができていった経過をざっと歴史的にみてみますと、古代メソポタミア時代、つまり紀元前二〇〇〇年の昔から図書館はあったわけですが、公立で図書館を運営したのは一五〇年前（一八五〇年前後）からです。その前一〇〇年は身銭を切って、地域で、サークルで、会員制図書館という形態で運営していました。しかし、これでは財政基盤が弱いこと、中心になった人がいなくなると運営が続かなくなったりしたため、会員制図書館から公立図書館へと発展したということ（英・米）です。

わが国では、浪江虔《けん》の「読書しようと努力する人々の結集」としての図書館と、有山崧《たかし》（一九六〇年代の日野市の市長）の「図書館の社会保障的性格」という二つの図書館論を図書館運営の核にして公立という制度にしていきました。ここでの「公」は、地域住民の共同性や共同の利益をさしていて、公費（主として住民税）を使用し、地域の自治体が保証するものです。戦前の日本では同じ「公」でもお上や国家をさし、思想統制のための図書館、恩恵としての図書館という公立図書館観でした。

そしてさらに、シビル・ミニマムの思想、図書館は地域住民の生活に必要な施設（例えば郵便局のように）であるという認識があります（「くらしの中へ図書館を」「都民の身近に図書館を」）。それと、そのような図書館の整備は自治体行政の責務であるという認識に基づいた一九七〇年代の東京都の図書館振興策は重要です。五年間で七〇館の図書館ができていき、それ以後も分館ができていきました。

例えば、東京多摩地域の図書館数は、一九七〇年、設置自治体八市に一一館あっただけなのが、一九九八年には三一全自治体に一六二館という整備状況です。東京都では歩いて一五分で一～二館の図書館に行き当たります（それ以前は自治体に一つあればいいという考えでした）。

●近年の図書館「改革」の動向とその問題点

さて、現在、地方分権、規制緩和、図書館法「改正」という流れの中にあります。地方分権、規制緩和の一つ一つは良いけれども、各論では議論できません。それと、善悪までも株式市場で判断する（マーケットがどう判断するか）という新自由主義（市場原理主義）の中で、図書館サービスの市場化と公的保証の縮小（スリム化）が進んでいます。図書館の中に市場原理（競争原理）を入れたらという意見もあります。こういう動向の問題点を次にあげました。

・委託容認論――一九九八年生涯学習審答申

文部省が「委託でもいいのではないか」という方向に容認（博物館の委託など）

・有料制容認論――図書館法一七条（無料の原則）解釈の変更

資料は無料だが、情報の提供（インターネット）は有料になっていきそう。本来は無料のはず

・労働者派遣法改正、ＰＦＩ法の問題――民間資金を使って公共サービスを提供する

・資料費削減、人員削減、専門職の軽視（館長、司書）

●新自由主義的「改革」に対抗する公立図書館像

こういう新自由主義的改革にどう対抗するかということです。まず、よりどころとしての法、図書館法理念の再確認をしてほしいです。図書館法とはどのような法律なのか、七つの原則を上げます。

・権利としての図書館（＝図書館奉仕）

・専門的職員の配置

・地方自治と住民自治

・無料原則

・私立図書館に対する不干渉

・行政（国・地方自治体）の条件整備への責務
・図書館の自律性
それから、私たちは図書館サービスにおいて何を大事にしてきたか、図書館づくり実践の蓄積の中に振り返ってみましょう。
・『中小都市における公共図書館の運営』（一九六三年）、『市民の図書館』（一九七〇年）の思想
・大牟田市立図書館の小柳屯館長の図書館実践思想――「業務改善」
・滋賀県八日市市の図書館サービスの目標――「いいまちづくりに役立つ図書館」
・市民との共同
次に、図書館の条例・規則を読んでほしいということです。地方分権の時代だからこそ、足元の条例・規則を見直してみてほしいです。条例には、市民に対してどういうサービスをするかをきちっと書いていないといけないし、職員が働きやすい規則を作っておかなければならないからです。

●おわりに

六〇年代七〇年代に市民と共に図書館をつくってきたことを大事にしなければなりません。九〇年代になると、村や町づくりに図書館が必要になっていきました。

それに、図書館法を足場にしてほしいということです。「役所が看板を掲げた図書館が増えてきました」と言ったら、図書館計画施設研究所の菅原峻氏が「図書館の看板を下げた役所です」

と言いました。公務員としての力量が問われています。居眠り自治体はつぶれていきます。

午後の部は、伊藤昭治氏（阪南大学）による講演「公立図書館の役割を考える――公立図書館が公立であるためにしなければならないこと――」でした。なお、『公立図書館の役割を考える』（伊藤昭治・山本昭和編著　日本図書館研究会　二〇〇〇年発行）の本は会で持っています。

（「身」柴田幸子）〈会報27号　二〇〇一年三月二九日より〉

生涯学習や学校教育を支えるのは図書館

六、七年前から市民センターや公民館が育児講座を開くようになり、その講座を受けた若いお母さんたちの育児サークルづくりが活発です。

その育児講座の中に「絵本の読み聞かせ」が入っていたり、育児サークルの世話人から直接、絵本の読み聞かせに来てほしいという電話をもらって、出かけて行くことが多くなりました。

〇歳から三歳ぐらいまでの乳幼児とその母親が対象ですから、一時間から一時間半、絵本の読み聞かせだけでは時間が持ちませんから、わらべうたを歌ったり、手遊びをしたり、パネルシアターをしたり、お母さんたちにタオル人形を作ってもらったりしながら、その合間に絵本の読み聞かせをします。持っていった本は絵本の紹介を兼ね、親しんでもらうために手にとって見てもらいますが、その場で本を貸し出せたらいいなと思います。市民センターの場合は同じ建物の中に図書館がありますから、紹介した本の中から何冊かをすぐにでも借りて帰れますが、公民館の場合はそうはいかず、なかなか本と結び付くことができないようです。幼い子どもやその母親にとって、見近なところに図書館があるかどうかが、子どもが本に親しめるかどうかのカギになると思います。

最近、ある病院のデイサービスの場で、二人で三〇分ほどですが、高齢者に読み聞かせをしています。この場合も、読んだ後に、本の貸し出しができたら、高齢者が本に親しむ機会が増えるのではないかと思います。私は周りに、テレビのみを友として過ごした高齢者を見てきましたので、本を読む時間も持てば、もう少し豊かな老後を過ごせたのではと思わずにいられません。

また、博多区内の小学校三〜四校に出かけて、国語の時間に学年ごとに読み聞かせをしています。各学年、平均して学期に二時限（一時限は四五分）、一時限を二、三人で交替で読みます。読み聞かせた本に子どもたちは興味を示し、休み時間に本を手にとって見ていますが、それらの本は私たちが持ち帰りますので、子どもが借りて家でゆっくり読みたいと思ってもできないのです。学校図書館が整備されていて、紹介した本は学校図書館にそろえていますとか、専任の司書がいて子どもたちのリクエストにこたえますという状況にはないのが現状です。

このように、生涯学習にしても学校教育にしても、学習の裏づけをし、さらに発展させるためには、図書館が身近にあって、そこには司書がいて、必要な資料（本）がそろっていることが必要ではないでしょうか。（「身」柴田幸子）

〈会報29号　二〇〇一年九月三日より〉

「さとしぶんこ」新設　博多南図書館に贈り物

吉永文子さんという方が、いつもご自分が利用しておられる博多南図書館に、相当額の図書資料をご寄付下さいました。ご主人のご遺志でもあり、吉永さんのご希望です。吉永さんは子どもたちに広い世界を知ってほしい、感じてほしい、世界・日本の歴史や地理を学んでほしい、植物や生物を知り、視野を広く持つ人間に育ってほしい、幼いときから多くの本に出会ってほしいと願っておられます。

ご主人の名前、諭から「さとしぶんこ」と名付けられ、三月一二日、博多南図書館に新設されました。現在はまだ一部ですが下旬までにはご寄付いただいたすべての本が「さとしぶんこ」のプレートの棚にそろいます。『世界美術大全集　東洋編』『原色日本の美術』『ブリタニカ国際大百科大事典』『朝日クロニクル20世紀完全版』などのほか、ガーデニング、医療などの本、大型活字本、池波正太郎や司馬遼太郎など読み物全集も入ります。海外の絵本（原書版）などはコーナーを設けるそうです。

司書の人たちが選本にあたり、全部で約一三〇〇冊。「これまでほしいと思っていても予算の都合上、求められなかった本を購入することができました。選書のたびに見送っていた本が購入でき、選書という専門性を充分に発揮できた司書さんたちも喜んでいますよ」と館長さん。

「主人も本が好きで二人でよく図書館を利用しました。私は今も、時間があれば本を読んでいます。多くの方に、新しく入った本に親しんでいただけたら嬉しいです」と吉永さんは話しています。今、図書館は「冬の時代」と言われ、自治体の中には財政難から図書費を削減するところもあります。そのようなときに、吉永さんのご厚意は市民への贈り物であるといえます。

吉永さんからは私たちの会にも援助をいただきました。会報を年に何回か公民館で印刷し、会員や応援してもらえそうな方に発送すると、もう赤字です。よその市町の図書館見学にかかる交通費などは参加者の負担です。そんな現状を見かねて、四年ほど前に吉永さん自身が会員になって支援して下さっています。（「身」力丸世一）

〈会報31号　二〇〇二年三月一八日より〉

『まちの図書館でしらべる』を読んで

この本は『まちの図書館でしらべる』編集委員会一〇人の図書館員が分担して執筆している。図書館は無料で本を貸してくれる機能と何か調べたいときに相談できる機能を持つという。本書は〝図書館でしらべる〟という視点から書かれている。

第一章は「図書館で謎を解く」というテーマでレファレンスの事例を一五あげている。例えば「ミナミのサンショ」という本はあるのかという問い合わせに、いろいろ調べて探していった結果『メナムの残照』（アジアの現代文芸　タイ4）という本であることが分かる。質問者にその本を手渡すまでの経緯を述べ、調査した資料を併記している。

また、「アメリカはホントに五〇州か」という疑問に答えていく過程が面白く、え、そんなことも調べてくれるの？　と感心してしまう。「昔の作文は見つかるのか」も印象に残る事例である。関東大震災の体験を綴った、七〇年も昔の子どものときに書いた作文を探してもらえるかという問い合わせ。一九二四年に編集された『東京市立小学校児童震災記念文集・尋常五年の巻』が見つかり、その中に自分の作文を見つけた人は、それはそれは喜んだそうである。

「歌い出しから歌を探す」という例もある。ＮＨＫのラジオドラマ「鐘の鳴る丘」で歌われていた主題歌で「みどりのおかの……」で始まる歌の歌詞と楽譜を探すというもの。「ツタンカーメンのエジプトマメ」を探す過程は波乱に満ち、さまざまな資料にあたりながら謎を解いていく面白さに時間を忘れて読みふけってしまった。

●まちの図書館とは？

さて、まちの図書館とは区市町村立の公共図書館のことで、そのまちに暮らす人たちのニーズを直接的に把握し、それに答えていく一番身近な図書館（無料、近い、敷居が高くない）であり、税金で運営されているのだから、私たち市民は株主の一人、その資料とサービスを自由に使うことができるというのである。

そして、昨今の図書館のイメージについては次のように書いている。しんと静まりかえっているという古典的イメージに対して、人々の活気が空気中に充満しているような親しみやすい静けさで、妙な緊張感はない。学生が勉強する場所という昔のイメージに対しても、今では「持ち込みの受験勉強より図書館の資料を調べる・読むための利用者を重視したいと考えている」という点が違ってきている。図書館利用者といえば女性と子どもたちと思われがちだが、最近は土・日の開館はもちろん、平日の開館時間の延長により勤め帰りに寄れる図書館も増えている。

●書店派？　図書館派？

書店では新刊本やベストセラーがすぐ手に入るし、買えばいつでも読める。自己所有した本は書き込みができるという利点がある。これに対して図書館では、古い本や雑誌のバックナンバーも手に入るし、書店よりタイトル数が多い。図書館員が調べものの相談にのるし、経済的でもある。図書館の強みは保存機能があることであり、利用者用コンピュータを初め各種の目録類もそろっているし、相談できる図書館員が常にスタンバイしていて、いつでも情報へアクセスできる。レファレンス・サービスこそは書店とは異なる図書館が図書館たり得る基本的で重要な機能であると胸を張る。

まちの図書館にはどんな質問をもっていってもOKであり、毎日の健康な生活にホームドクターが必要なように、健康な知性と情報取得の環境を整えるために使えるホームライブラリーが、まちの図書館というわけである。そして、まちの図書館を利用して〝情報探索の達人〟になろうと励ます。

●レファレンス・サービスとは

レファレンス・サービスとは何だろうか。レファレンスとは〝資料・情報を求める利用者に対して提供される文献の紹介・提供などの援助〟（『広辞苑』）とある。が、例えば「先週の新聞はどこですか？　宝くじの当選発表があるはずなんだけど」と図書館員と一緒に新聞をめくって「あったあった」、ではメモしようとか、コピーしていこうというのもレファレンスなのだという。「○○という本はここの図書館にありますか?」と尋ね、「当館に所蔵しておりませんが、都立図書館にならあるようです。取り寄せましょうか。それとも直接都立図書館へいらっしゃるのでしたら、場所をご説明します」という案内を受けることもレファレンスなのだという。そして、図書館は組織として、資料の収集・データの入力・書誌や索引の作成・受け付けた質問に対する回答事例の蓄積や分析・利用者が調べやすく質問しやすい環境づくりなど、レファレンスに対してさまざまな準備をしているというのである。

図書館は職員個人の能力のみで仕事をしているわけではなく、○○市立図書館という組織として質問に答えている。だから、対応した図書館員が分からなかったとしても、あきらめずに「調べてもらえませんか」と食い下がってみようという提案は心強い。

●図書館はつながっている

利用者からの疑問・質問に対して適切な資料がその図書館にない場合はどうするのだろうか。その場合は、市内の中央図書館など、より豊富な資料を持っている図書館や、関連する情報を持っていそうなところに問い合わせる方法があるという。区市町村立図書館になければ都道府県立図書館に、そこになければ国立国会図書館にというように、公共図書館のネットワークが構成されていて、このネットワークの周りには大学図書館や専門図書館が存在し、図書館は多方面にリンクしているそうである。

図書館相互に資料の貸し借りができる体制（相互貸借制度）が整っていることは知っていたが、まちの図書館では手に負えないレファレンスを図書館相互に協力して解決する体制（協力レファレンス）が組まれていることは初めて知った。さらに、インターネットという情報通信基盤の整備により、海外の情報も入手できるようになったという。図書館員はある特定の事柄に精通した専門家ではなく、特定の事柄に関する資料を見つけ出す専門家。図書館にある情報を提示して利用者の疑問や質問にこたえているという。ウーン、図書館員ってすごい。

●図書館は進化する

第五章では海外の素敵なまちの図書館や、日本の魅力的なまちの図書館を幾つか紹介している。日本の公共図書館の現状にもふれ、図書館数が人口比でアメリカ合衆国の三分の一、ノルウェーの一二分の一、図書館がない市が三％近くあり、半数以上の町と八割以上の村に図書館がないと指摘する。

図書館員は利用者の質問で鍛えられ育てられる。資料知識だけでなく運営についても同様で、市民の積極的な利用が図書館を変え、育てるのだから、どんなことでも職員に声をかけてほしいという言葉や、まちに図書館がなかったら、その声を行政にぶつけてほしいという記述に勇気づけられる。図書館は時代の求めるものを敏感に反映しながら進化していくべきで、今ある図書館を最大限に活用しつつ、これからの図書館を市民の手で育ててほしいと本書は提案する。

●情報化社会と図書館

巻末に常世田《とこよだ》良氏の文が掲載されている。日本の社会が「ヨコ並び」型社会から「自己判断自己責任」型社会に変化していくとき、間違いのない判断を行うために、迅速で正確な情報の収集と情報アクセスの公平性が重要になるはずで、情報インフラとしての図書館の潜在的な力は大きい。欧米社会における図書館の重要性に対する認識が高まっている。地方分権的傾向の強い欧米において国家レベルの図書館政策が存在するということは、税収の増減などの条件により翻弄される地方自治体の図書館運営だけでは、情報インフラの確保は困難であることを示している。日本においても国、都道府県レベルの具体的な図書館政策が必要であると述べている。そしてこの後に、欧州議会での図書館の位置付けを示す「現代社会における図書館の役割に関する決議」（欧州議会一九九八年一〇月二三日議事録）を載せている。

昨年一二月、国会で「子どもの読書活動の推進に関する法律」が可決成立した。子どもの読書推進にかかわってきた者としては、読書活動推進法より、子どもが身近に使える図書館（公共図書館・学校図書館）の整備を望むものである。地方自治体が図書館を整備・運営しやすいように、国や都道府県レベルの図書館政策や資金援助が必要ではないかと氏の文を読みながら考えた（柏書房二〇〇二年発行）。（「身」柴田幸子）

〈「としょかん」83号　二〇〇二年三月一五日発行より〉

学校図書館も変わらなきゃ

『林達夫著作集　6』（平凡社）の中に、「大人の読書指導」という小論があり、その中にこうあります。

読書指導（リーディング・ガイダンス）は、戦後の最も注目すべき新しい分野で、（中略）これからの日本を背負って立つに堪える新しい世代の形成の成否は主としてこれにかかっているほどである。それなのに、そこには先覚的な善意の教師たちが、子供のための良き書物の不足をかこちつつ書棚にちらほらまばらにしか本のない名だけの図書館に子供を集めて、徒らに孤軍奮闘している悲壮なすがたが見られるだけだ。それでよいのだろうか――。

この文の初出は一九五〇年一〇月一日の「朝日新聞」とありました。この時代に「何をさしおいても、子供の読書指導から始めなければならぬ」（同小論）と説いた人がいたわけです。

同じ一九五〇年の一二月に「岩波少年文庫」が創刊されています。『宝島』『あしながおじさん』『クリスマス・キャロル』『小さい牛追い』『ふたりのロッテ』が美しい五冊の本として配本されたということです。『なつかしい本の記憶』（岩波少年文庫別冊）に斎藤惇夫さんが一九九九年に行った講演「岩波少年文庫とわたし」が収録されていますが、そこに、「岩波少年文庫」が創刊された頃のことが記されています。創刊したのは石井桃子氏で、氏自身が読んで楽しめる本、「喜びの訪れ」と感じられる本のリスト作りに熱中し一冊一冊編集を始めていったというのです。

この講演録の中で斎藤さんは「一九五〇年、私が一〇歳の時に「岩波少年文庫」の刊行が始まります」「本を読みながら、本の中で自分が生きていることを後押ししてくれる、励ましてくれる、そういうものにいっぱい出会っていくという経験を『ふたりのロッテ』からしていくことになります」「子どもの頃、一〇歳から一三歳までのあいだに出会った「岩波少年文庫」というのは、そこをスタート地点として、そこから始まっていく自分の人生というのを確かに私に見せてくれたような感じがするのです」と述べています。私は斎藤さんより九歳年下です。どんなきっかけで斎藤さんが「岩波少年文庫」に出会うことになったのか知りませんが、私は「岩波少年文庫」を全く知らずに子ども時代を過ごしました。まわりで「岩波少年文庫」を読んでいる子は一人もいませんでした。

一九五三（昭和二八）年に学校図書館法が制定され、学校図書館が設置されていったはずです。学校図書館には司書教諭を配置することを定めていました。ところが、その附則に、「当分の間、司書教諭を置かないことができる」とあったため、今日まで、ごく一部を除いて学校図書館に司書教諭は配置されてこなかったのです。運営の中心となる司書教諭がいないという状況が五〇年間続いてきました。一九五五年に私は小学校に入学しています。子どもにとって一番身近な学校図書館にそれらがそろっていて、それを薦めてくれる先生や司書がいたなら、子ども時代に「岩波少年文庫」に出会えたであろうにと残念でなりません。

今、私は小学校の図書の時間に本の読み聞かせに行ったり、公民館や図書館で読み聞かせをしたりして子どもの読書指導にかかわっています。ある小学校の図書館を見せてもらいました。読書を楽しむ雰囲気に乏しく、古い本が並んでいるだけで本棚が生きていません。驚いたのは、日本の児童文学はわりにあるのですが、外国の児童文学がほとんどないことです。「岩波少年文庫」もないし、「岩波少年文庫」に入っているような文学の本も見当たらないのです。これでは、私が小学生だった四〇年ぐらい前とたいして変わらないではないかと思いました。学校図書館は設置しても、そこに司書教諭や司書を配置してこなかったためではないでしょうか。

学校図書館については、子どもたちにとって学習・情報センターとして学習を支える役目はもちろんですが、読書センターとして、子どもたちにとって「喜びの訪れ」を感じられるような本を、日本のも外国のもそろえてほしいと思います。そして、子どもたちが、「自分が生きていることを後押ししてくれる、励ましてくれる」、そういうものにいっぱい出会って成長していけるような図書館運営をしてほしいと望みます。（「身」柴田幸子）

〈会報32号　二〇〇二年六月二四日より〉

次代に託す本への思い

市内に住むOさん姉妹が次代を担う子どもたちに対し、多額の寄付をして下さいました。二〇〇二年八月五日、ご姉妹、教育長、学務部長、学事課長、会から力丸が出席して授受式が執り行われました。

ご姉妹ともに本好き、加えてお姉さまのご主人（故人）が大変な本好きであったそうです。事業を興され、幅広く活躍なさる一方で、たくさんの本や美術全集などをお求めになっていました。しかし、お仕事が忙しかったこともあり、なかなか読む時間も取れなかったとのことで、亡くなられたご主人の思いを何らかの方法で生かせたらと、私たちの会へ連絡をいただきました。次代を担う子どもたちがたくさんの本との出会いの中で成長し社会へ、世界へ飛び立ってほしいとの願いをこめて多額のご寄付となりました。市との協議の中で市議会第一委員会委員長の石川氏にご協力いただき、主に学校図書補充という形をとることになりました。

総合図書館と寄付される方の母校である奈良屋小学校（現在の博多小学校）にプレートを設置すると共に、市内全校に配本されます。学校、子どもたちにとって朗報です。以前にお知らせした「さとしぶんこ」（博多南図書館）に続き、こうした市民の善意のご寄付を広くお伝えし、活用されますよう切望します。

アメリカの鉄鋼王として有名なアンドリュー・カーネギーは巨万の富を築き上げましたが、亡くなった一九一九年までにアメリカ各地に一九四六の図書館を贈りました。次代に託す思いは「さとしぶんこ」のYさん、今回のOさんご姉妹やOさんのご主人も同じでしょう。物や金だけでない人と人とのつながり、心のつながりが、これからの社会をより豊かにしていくことでしょう。

（「身」力丸世一）〈会報33号　二〇〇二年九月三日より〉

講座「図書館を学ぶ」に参加して

二〇〇二年一二月八日、講座「図書館を学ぶ」が久留米市民図書館で開かれました。会から二名参加。主催は講座「図書館を学ぶ」実行委員会。

インターネットで世界の情報にアクセスすることができる時代に、そしてまた、著作者や出版社の一部から図書館は〝無料貸本屋〟との批判が出ている現在、公共図書館の役割とは何かを、その歴史を振り返りながら改めて考える講座でした。
①演題（テーマ）②講師③時間
①講義1「公共図書館の二〇世紀と二一世紀どう橋渡しをするか」②根本彰（東京大学大学院教育学研究科助教授）③一〇時三〇分～一二時
①講義2「一人一人が創造する図書館（図書館づくり行政の立場から）」②山崎周作（福岡県豊津町立図書館副館長）③一三時～一三時五〇分
①講義3「図書館と共にあゆむ（図書館づくり市民の立場から）」②中古賀葉子（びぶりおの会代表）③一三時五〇分～一四時四〇分
質疑討論　一四時五〇分～一六時

●根本彰氏の講義の内容

1　背景　今なぜ公共図書館なのか
2　日本の公共図書館の発展モデル
3　公共図書館政策の動向
4　図書館づくりは今どうなっているのか

この中から、「2　日本の公共図書館の発展モデル」をまとめました。

①戦後の発展状況

戦前、図書館政策は帝国図書館としてあったが、GHQのもとで一九四八年に帝国図書館は国立国会図書館になり、文部省から離れます。この後、文部省は図書館に関心をなくしていきます。一九五〇年図書館法の制定により法的制度として認知され、図書館の専門的職員としての司書・司書補という資格が制定されます。しかし、この制度が充分に生かされることはなかったのです。図書館法は財政的な措置についても不充分なものしか提示しなかったのです。

一九六〇年代、日本図書館協会の図書館政策がスタートします。

一九六三年に「中小レポート」を発表し、「資料提供」をその中心的なサービス理念に据えます（模索の時期）。図書館協会は公的な機関ではないので、民間の私的な政策でした。図書館と対照的だったのが戦後の教育政策で、まず学校教育だということで、文部省を頂点とする官僚支配が明確になり、これに対して、教員組合が文部省による支配に対抗するという図式ができていきました。日本図書館協会については、こういう基本図式がなかったし、マンパワーが教育に比べて小さかったのです。

一九七〇年代、貸し出しに重点が置かれます。「資料提供」の理念は貸し出し、全域サービス、児童サービスを柱とする『市民の図書館』（日本図書館協会　一九七〇年）によってマニュアル化され、七〇年代に急速に普及します。日野市のブックモビル（移動図書館車）からの出発は、施設がなくても図書サービスが可能であるという画期的なものでした。一九七三年日野市立図書館が開館。一階は貸し出し、二階には参考資料室と市民資料室が設置され、レファレンスと地域資料に対処しようという態勢がつくられていました。一九七七年に市庁舎新設にあわせて新庁舎内に設置された市政図書室はその最後の仕上げともいうべき性格をもち、市政資料（行政資料、地域資料）をそろえた先進的なものでした。この時点（一九七〇年代後半）で、もう一度『市民の図書館』が書かれるべきでした。中央館、地域館はどんな分担をするのかが議論されるべきでした。

一九八〇年代、貸出図書館のモデルができていきます。予約（リクエスト）制度と相互協力をサービスの手段として貸し出しサービスに力が入れられます。その後、現在に至るまで障害者サービス、多文化サービスという利用者の裾野を広げるサービスにも力が入れられます。コンピュータによる蔵書や貸し出しの管理が進むが、コンピュータによる省力化で余った時間に何をするのかの議論がありませんでした。

委託問題はすでにありました。図書館が「貸し出し」を増やすことを目標とする公共サービスであるならば、より効率的な運営のためには貸し出し業務ごと市場原理に基づく民間機関に委託するほうがよいという理論がでてきます。また、わが国の公務員制度は一般職中心で専門職を嫌う風潮をもっていて、ゼネラリストをよしとする傾向が強いです。

一九九〇年代には、自治体の財政が豊かになり、大型化し、滞在型図書館が建っていきます。ビデオライブラリー（視聴覚資料）等の導入も進みます。このとき、八〇年代の延長で、司書は必要なのか、カウンターにいる司書は何をするのかという司書不要論がでてきます。専門的なこと（選書、レファレンス）とそうでない機械的なことの両方をやっている（ゼネラリスト）わけですが、選書やレファレンスというサービスは見えにくいわけです。さらに図書館法の改正（地方分権と結びついて）により、国からの建設補助金がなくなり、館長は司書資格を持っていなくてもよいことになり、専門性が切り離されていきます。

②貸出図書館モデルの再検討

出版不況から図書館批判がでています。新刊ベストセラーを大量に貸し出す公共図書館は〝無料貸本屋〟ではないかという批判が作家や出版社からでています。公共貸与権（公貸権）導入の検討を話し合っています。

③情報レファレンス図書館モデルの現在

一九七〇年の『市民の図書館』は貸し出しを柱にしましたが、これに読書案内を入れ、レファレンスを明確に位置付けます。

・貸し出し ─┬─ 貸し出し作業
　　　　　　└─ 読書案内（リクエスト）

・レファレンス・サービス

レファレンス担当者を常駐させる。小さな図書館は読書案内とレファレンスを統合して貸し出しカウンターから独立させる。

・情報源

吟味した蔵書＋ＯＰＡＣ（コンピュータ目録）

レファレンス質問の回答をデータベース化したもの
地域資料
インターネット

これをまとめるにあたっては根本彰著『情報基盤としての図書館』（勁草書房）も参考にしました。（「身」柴田幸子）

〈会報35号　二〇〇三年一月二八日より〉

貸し出しカウンターは利用者のニーズを把握するところ

現在日本図書館協会理事で、埼玉県内の朝霞図書館や鶴ヶ島図書館館長などを歴任しておられる大澤正雄氏から会報三五号への感想が届きました。以下に紹介します。

＊　＊　＊

「身近に図書館がほしい福岡市民の会」だより三五号をありがとうございました。今号は講座「図書館を学ぶ」として、根本彰さんの講演の内容がまとめられていました。

根本さんの『情報基盤としての図書館』は一見良くまとまっていますが、「レファレンスをカウンターから独立させる」とか「専門的なこと、そうでない機械的なことを一緒にやっている」というように「貸し出し」を機械的（非専門的）と位置付けているところに問題があります。貸し出しは、確かにバーコードをなでていればそれで済みますが、図書館の仕事というのはそんな単純なことではなく、貸し出しカウンターは「利用者の要求や住民の考えや世間の動きを知る重要なところ」という視点が欠落しています。機械に任せるのなら貸し出し機を置けば良いわけで、人間がいる以上そこで「人と人とのコミュニケーション」が大切です。レファレンス・相談からカウンターに行けばいいというのは住民の気持ちを知らない論理です。一般の人たちはそのようなカウンターには気後れがするものです。

　確かに明確な疑問や質問・調査があればいいですが、地域図書館利用者の大多数は自分の漠然とした疑問や不安に思うことを聞きにくるのです。そこで丁寧な受け答えの中から利用者の目的とするものは何なのかを聞き出すのが司書の大切な役目です。こうした根本氏などの理論が「カウンター委託」を元気づけているのです。

公貸権（公共貸与権）は必要だと思います。しかし、新刊書（ベストセラー）を貸すなと言っているのは間違った一部の人たちの言葉で、それも彼ら（作家・著者）には分かってきています。分かっていないのは一部の図書館の学者たちで、ではどうすればいいのだというのが有りません。「レファレンス質問の回答をデータベース化」という点も、コンピュータのない以前からカードでレファレンスツールとして作っていました。コンピュータになったら何か今までを否定するような論理には気をつけなければと思います。（後略）

＊公貸権（公共貸与権）――公表された著作物の複製物を、図書館などで公衆向けに貸与する場合について、著作者の財産的な権利を保護するための権利である（『新版著作権事典』から）〈会報36号　二〇〇三年三月一八日より〉

図書館日録

司書として毎日、市民と接しておられる久留米市民図書館の下川和彦さんに、日々のなかから二日間を紹介していただきました。

二月末二日間の仕事を記録してみました。私自身は現在、図書館の館外奉仕部門担当、移動図書館車による個人貸し出しと団体貸し出しとが主な業務です。勤務ローテーションでカウンターに立つこともあります。ありふれた日々の一こまです。

＊　　＊　　＊

●二月二二日（土）

今週は土日勤務。一〇時からの図書館開館で職員は九時半からの勤務。朝一番のミーティング。出勤、お休み、交替などのローテーションとイベント確認。主催事業は「おはなしの時間」と「子ども映画会」、会場使用は郷土研究会例会。予定会場に急きょ工事が入り、会場変更の連絡。机、椅子の移動作業とあわせて書架、新聞雑誌整理。そうこうしているうちに、もう開館の時間。土曜日曜、移動図書館は休車。一日内勤。午前中、日頃外回りで処理しきれていなかった所蔵有の予約図書を探す。移動図書館の場合、同じ所蔵有でも事務室書架、移動図書館車内二台そして団体貸し出し用の書庫との三ヵ所を体を動かしあれこれ探し回る必要がある。こつが分かればこれはこれで楽しいのだが、他セクションと違った独特のコード表示をコンピュータの検索画面から読み込む必要があり、担当者以外なかなか理解しがたいようだ。リスト片手に予約図書二七冊発見。

一二時から一三時、一般室カウンター当番。貸し出しはさほど多くない。雨が強まりいつもの土曜に比べて客足が少ない。問い合わせ三件。「国土地理院の地図ありますか」「ありますが、どんな地図をお探しですか」。やりとりのなかで、必ずしも国土地理院の地図である必要はないことが分かり、大判の日本地図該当部分をお教えする。

ご案内した地図コーナーで、別の方がニューヨーク石油施設火災の現場地図を探しておいでだった。その場で案内。今朝の新聞で見落としていた事件の概要を逆に教えていただく。カウンターに戻ると小学生の二人連れ。「手話が関東と関西で違うことについて調べたい」「へーそんなことあるんだ、知らなかった」と驚いてばかりもいられない。いくつか手話のコーナー探すも適当な本、見当たらず。とりあえず、インターネット開いて「手話　方言」で検索。それらしい結構な件数ヒット。「これ自分たちで見てみる」とのこと。「全国的な手話団体や久留米の聾学校の先生に聞いてみる手もあるね」と、とりあえずアドバイス。あわせて、手話の実用書とは別に教育や理論の本がもう少し必要かもしれない、これは選書の際、参考に。

昼食後、二時三〇分から児童室「おはなしの時間」。今日はボランティアの方でなく職員二名で当番の日。いつもより参加が少なく小学生と就学前の子とで六名だったが、お付きの親も入れて一〇名程度。手遊びゲームを入れて約三〇分。受けをねらった冒頭、あきやまただしの『へんしんトンネル』で笑い声が今一つ。後に続く読み聞かせのムードを作れなかった。次回からの進行を練り直す必要あり。

おはなし終了後、週明け団体貸し出し資料のセット組み。火曜日に学童二団体、親子読書会一団体計三八〇冊の配本予定。三ヵ月毎の入れ替え、冬向きの本は外し一足先に春の季節本を仕込み。閉館間際、戸締まりは他の職員に任せて新刊選書。出版取次から毎日持ち込まれる新刊をチェック。この時期さほど多くないにしても日に五〇点程度の図書が届く。毎日やっておかないと大変な量になる。それに、うかうかしていると次回の選書委員の調整に間に合わない。各セクション担当が選んだ本を選書委員が二次選書、図書館全体としての購入冊数を決める。移動図書館セクション担当としての資料を、利用や蔵書状況をにらみながら選んでいく。年度末近くなって予算も残り少なく、絞りに絞って本日分七点のみ。

●二月二五日（火）

週明け初日。ブックポストを開けば返本の山、各セクションへの仕分け整理。全体ミーティングをすませ今日のカウンターローテーション確定後、遅番スタッフの出勤を待って移動図書館セクションのミーティング。一週間の課題とスケジュール確認。一三四平方キロ、市域の広い久留米市内を東と西とに分けて七一ヵ所のステーションを巡回している二台の移動図書館車の出発を見送って、午前中内部事務。新年度巡回予定の利用者案内や道路使用許可などの申請書類準備。

午後、市内学童保育所二ヵ所と公民館内にある親子読書会への団体貸し出しをワゴン車で。一ヵ所目の学童保育所でお茶をいただく。子どもたちのおやつもセット。人気の「かいけつゾロリ」シリーズの予約受け。復路、分館と駅前図書施設の返本資料搬入搬出。毎日便はあっても中一日休みがあるとさすがに量が多い。おおむね五〇冊詰めのケースで四箱くらいにはなる。

帰館後、搬送本仕分けと持ち帰りの団体貸し出し本整理。その後、新刊選書。移動図書館の本日分チェック一四点。それと週例の選書委員会用に新刊以外の既存未所蔵図書発注資料リスト作成。さて、明日は久留米大学にある病院学級訪問。長期入院の子どもたちへの個人貸し出し用資料の仕込み。子どもたちと付添いのお母さん用に一五〇冊ほど。車椅子で点滴台を押しながら集まってくれるKちゃんやAちゃんの顔が浮かんできて、今月の新刊三〇冊を一気に大サービス。

〈会報36号　二〇〇三年三月一八日より〉

下川さんの「図書館日録」についてお手紙をいただきました

「日ごろなんとなく見ているだけだった司書さんのお仕事。仕事内容が良く分かりました」と粕屋町Tさん。「下川氏の『図書館日録』、司書の方の日常のお仕事の様子が興味深かったです。司書というのは幅広い知識が必要なのですね。それにしても〝手話の東西の違いを図書館で調べる小学生〟頼もしいというか恐るべし、ですね」と名古屋市の坂本さん。

〈会報37号　二〇〇三年五月七日より〉

図書館は市民の知恵袋

「地域の皆さんにお世話になりました」と異動のため去っていくときに、「あたたかなはるのひかりをたくさんうけて　すくすくそだつチューリップのように　みんなもげんきにおおきくなあれ！」の言葉と共に、たくさんの手作りのしおりを置き土産としたのはYさん。ご自由にお取り下さいと添え書きがありました。子どもたちが大好きな『エルマーのぼうけん』の竜を棚の上に何匹も手作りして置いていかれたNさん。こうした司書さんのおかげで、より市民に親しめる図書館となっているのでしょう。

司書の方たちは貸し出しというカウンター業務のほかに選本、レファレンス、読書相談など仕事はたくさん。でも、どうぞ気軽に声をかけてみて下さい。「子どもにどんな本を与えたらいいでしょう？」、「旅行先の事情を知りたい」、「植物の植え替えの時期は？」、「マンション建設で日照権について調べたい」など一つのことが五にも一〇にもなり、司書への信頼が増すことでしょう。司書さんたちは私たちの力強い味方です。納税者が受益できる行政サービスの最前線の一つが図書館。そして、図書館は司書の方々がいなければ成り立ちません。（「身」力丸世一）

〈会報37号　二〇〇三年五月七日より〉

置き去りにされる日本の図書館

「知識や情報の共有化によって社会を豊かにし、国を強くしていく、そのために公共図書館がある」、「韓国では図書館振興法を作り、公共図書館長は皆、司書資格を持った者でなければならないと規定、中国でも図書館に力を入れている。アジアの中では今、日本の図書館事情は非常に遅れており、そのうちに国際競争力も立ち行かなくなるのではないか。図書館の基礎的なところに公費をどんどんつぎこんで、誰もが等しく情報を知り、入手できる国と日本とでは大きな差があり、その差はどんどん広がるばかり」。

二〇〇四年三月七日、福岡県筑後市でのシンポジウム「図書館はなぜ必要か——図書館は筑後市の未来を拓く——」（主催「筑後市図書館の建設に向けたシンポジウム」実行委員会）で聞いた千葉県浦安市立図書館長、常世田良氏のお話にショックを覚えた。韓国とは異なり、わが国の図書館事情は厳しい。館長どころか指示、決定権を持つ部署を司書資格のない人が担当している。福岡市の図書館もご多分にもれない。

誰もがいつでも公正・公平な情報を入手できる手立てを惜しんでいたり、将来への展望を描かず今だけを考えていては、図書館はジリ貧となり、ひいては国力の弱体化につながっていくだろう。図書館を利用したくても利用できる図書館が身近にない状態を考えるとき、今あるものに図書館の機能を持たせるなど柔軟な考えはできないものか。図書館は利用して初めてその必要性が分かり、社会の基底部分だと理解できるのだから。（「身」力丸世一）

〈会報40号　二〇〇四年四月五日より〉

ご存じですか「レファレンスだより」

「レファレンスだより」は福岡市総合図書館の図書利用課相談係が発行している広報紙です。A4用紙に「こんな質問がありました」と書かれ、例えば、二〇〇四年二月号と三月号には、

自然Q. 極楽鳥の絵や写真を見たい。

国際Q. 主要国の医師数を知りたい。

人文Q. 相撲節会《すもうせちえ》を説明するのに参考になる資料は？

社会Q. 携帯電話への依存や病理について書かれたものはあるのか？

郷土Q. 福岡市営地下鉄各駅のシンボルマークとその由来、意味が知りたい。

といった質問が載っていました。レファレンスだよりにはもちろんそれぞれに答えが書いてあります。

この「レファレンスだより」について聞いてみました。

・いつから発行していますか……二〇〇二年一二月から月一回

・発行部数は……現在五〇〇部

・なぜ発行するようになったのですか……図書館の活動を知ってもらうことや、面白く役に立つ事例が多数、多種あり、集めて報告する価値があると考えて発行しています

『都立図書館は進化する有機体である』（ライブラリーマネジメント研究会編著、ひつじ書房）には「……図書館は利用者の知識資産である。アクセスすると、必ず回答やヒントが見つかる。（中略）

司書自身が全ての知識を常に持っているわけではない。知らないときは図書館資料や情報を調べる。その調べ方を知っている。——司書は都立図書館の知識資産である。利用者と図書館資料や情報を有機的に結びつける能力を持っている。（中略）利用者にとって、司書は図書館機能の一つである。情報のナビゲータとして積極的に活用できる」とあります。

「困ったな、どうしよう」と思ったら図書館へ何でも質問してみませんか？　相談してみませんか？　福岡市総合図書館・相談係電話〇九二・八五二・〇六三二や各区分館へどうぞ。司書は力強い利用者の味方です。「レファレンスだより」は総合図書館一階・二階、総合受付、各分館、県立図書館に置いてあります。ホームページ上でも読むことができます。（「身」力丸世一）

〈会報40号　二〇〇四年四月五日より〉

紙芝居に学ぶ

●第五回紙芝居講座インゆふいんに参加して

六月一二日、湯布院町中央公民館で開かれた紙芝居講座に参加しました。テーマは「すばらしい紙芝居の世界——理論から演じ方まで——」。千竈《ちかま》八重子さんが開会のあいさつの後、紙芝居『みんなでぽん』を実演しました。

童心社の日下部茂子さんが、「すばらしい紙芝居の世界」のテーマで紙芝居の歴史を大まかに述べ、紙芝居『平和のちかい』を実演しました。日下部さんは、午後には「演じるよろこび」と題して、演じ方を話しました。必ず舞台を使う、演じ手は舞台の横に観客と向かい合って立つ、声音は使わず自分自身の声で演じる、画面を抜いてさしこむ時間が間となって作品世界の深まりをつくるなどです。

絵本（紙芝居）作家のまついのりこさんは「紙芝居のふたつの秘密」と題して講演しました。まついさんは、絵本は主人公に寄り添って本の中に入っていき個の感性を育て、紙芝居は外に出ていって広がる世界で、共にいるという共感の喜びがあり、絵本と紙芝居は車の両輪であると話しました。また、絵本の特性はめくるということであり、紙芝居の特性は抜く、さしこむということであると述べました。そして、紙芝居の作品には二つの型があると言い、例として

『太陽はどこからでるの』――物語完結型（作品の構成が作品そのものの中で完結している型）

『おおきくおおきくおおきくなあれ』――観客参加型（作品の構成が観客の参加を必要とする型）

を実演しました。

講座の参加者による実演もあり、四人の方がそれぞれ『くいしんぼうのまんまるおに』、『にじになったきつね』、『天人のはごろも』、『かりゆしの海』を演じ、まついのりこさんが一人一人について感想を述べられました。

おしまいに日下部さんが『あひるのおうさま』『象牙の櫛』を演じ、まついさんが『よいしょよいしょ』を演じて終わりました。（「身」柴田幸子）

●知らなかった！　紙芝居の演じ方あれこれ

1．演じる前によく下読みをする→紙芝居の順番を確認しておく→舞台の扉を閉じたまま作品を入れる

2．演じ手は舞台の横に立つ→作者・タイトルを読む→声音を使わない（演じ手が目立ってはいけない）→抜き方は内容によって使い分ける（さっと抜く・ゆっくり抜く・普通に抜く・がたがた、ぐらぐらなど内容によって抜き方を考えて演じる）

3．「おわり」「おしまい」「どっとはらい」（青森県三戸郡の方言で、おわりの意）など終わりの言葉ははっきり言う→三面の扉を閉めて終わり（一番最初の場面には戻らない）

（「身」力丸世一）〈会報41号　二〇〇四年七月二二日より〉

図書館先進地、東村山の思い出

●東村山市立図書館の歴史

二〇〇二年四月からこの三月までの二年間、主人の転勤に伴い、家族で東京に行ってきました。東京といっても住まいは「志村けん」で有名な東村山という埼玉県境の小都市でした。

以前からの念願であった図書館司書の資格を東京にいる間にとろうと思い立ち、通信教育で勉強を始めてから分かったことですが、東村山は実は図書館の歴史においては、先進地だったのです。

今から四〇年も前から文庫活動が活発で、当時同じ東京の日野市に市立図書館が誕生し、めざましい成功をおさめたこともあり、東村山でも文庫活動を行っていた人々の働きかけによって一九七四年に東村山市立中央図書館が誕生しています。その図書館づくりの当時の様子は『市民の図書館』（日本図書館協会、一九七〇年）にも記載されています。文庫と図書館に強い結び付きがあり、住民代表の主張によって、図書館設置条例に、プライバシーの保護が全国で初めて盛り込まれ、さらに、その条例の中に、地域図書館活動への援助が明記されています。一九七〇年から今日まで厳しい財政事情にもかかわらず、文庫活動に対する補助金制度も継続されています。毎年秋に、市長さんと文庫や読書活動関係者との懇談会があり、各団体の活動の報告や市への要望などを直接市長さんへお話しする機会が設けられ、子どもと読書の大切さをアピールする場ともなっています。

そして、図書館法改正（一九九九年）後も、条例で図書館長の司書資格要件を残し、市立図書館正職員三七名のうち司書は二一名、五六・七％の司書率です。さらに、児童サービスやティーンズサービス担当に経験の長い職員を配置するなどの配慮がなされています。

●子どもの利用度も高く

東村山市の人口は一四万四千人、中央館の他に地区館四館あり、蔵書数七〇万冊（人口一〇～一五万人の都市の中で全国二位）です。東村山では自宅から四〇〇メートルの所に地区館があり、わが家の子どもたちも好きなときに出かけ、日々お世話になっておりました。通信教育のレポートのための文献も市立図書館になければ、都立図書館から取り寄せてもらえました。近い所にあるという強みは何ものにもかえがたいです。小学校区二〜三校区に一つの地区館があるので、小学三年生になると授業で近くの図書館を見学に行きます。小学四年生のクラスには、各地区館から学校へブックトークの学級訪問や、夏休み前には小中学校全児童・生徒に夏休み用ブックリストの配布がありました。中学生を対象に図書館学生ボランティアの実施など、公共図書館は子どもたちにもよく利用されていたと思います。

●市立図書館と学校図書館の連携

小・中各学校に対しても、教員向け利用案内の配布を行ってはいたものの、学校図書館との連携として動き出したのは昨年、二〇〇三年度からでしょうか。一二学級以上の小中学校に司書教諭が配置されたことにより、学校図書館活性化に向けて、市立図書館が担当し、年間三回の司書教諭の研修が行われました。

一方、小中学校で読み聞かせを実践する保護者の連絡会「東村山おはなしサークル連絡会」や、二年前からは市立図書館による「東村山子ども読書連絡会」ができました。文庫や小中学校で読み聞かせをするグループと個人をつなぎ、市立図書館を中心として子どもの読書推進について情報交換の場となりました。

そして、保護者側の読み聞かせや学校図書館についての意識が高まると共に、わが子の通う学校の図書館を何とかしたいという思いが届き、二〇〇三年年秋、東村山市子ども読書推進実行委員会の企画で、文部科学省委嘱事業として「学校図書館応援講座」（全九回）が実施されました。延べ参加者三八六名の大盛況でした（行政側が予算削減のためにボランティアに学校図書館の業務を委託させることを目的に開かれた講座ではありません）。

初回に高橋元夫先生による「学校図書館の可能性とボランティアにできること」という講座があり、ボランティアの心得をお話ししていただきました。ボランティアが自己満足に陥らないように、学校の暮らしがまずあって、学校方針を支援していくのがボランティアで、先生とよく話し合いをすることが大切というお話は、独走しがちなボランティアとボランティアに丸投げにしがちな学校側に警鐘を与えるものでした。二回目からは、本の修理や図書館のサイン作りなどの実習と本の分類、読み聞かせのポイントなどの実践的な講座があり、受講者は「子どもと本の人材バンク」に登録して実際に依頼のあった学校に出かけてお手伝いをするというシステムもできあがりました。

実際、わが子の通う小学校の学校図書館は全く整備されておらず、有志の数名で何とかしたいと思ってはいたものの、学校の施設なので勝手に手を加えることはできず、またどこから手をつけていいものかも分からず、という状態でした。この応援講座の後、市立図書館が動いて下さり、小学校側と司書教諭の話し合いで、大整備をしましょうということになりました。市立図書館員の指導のもと、人材バンクにも応援してもらい、保護者も五〇名ほど集まって、廃棄本の抜き取りと十進分類による配架を半日でなしとげました。どの本を廃棄するか、どのように配架するかなど、専門職の指導がなければできないことでした。このように、市立図書館員が実際に各学校に入って整備の指導をして下さったことは、ありがたいことでした。現在は司書教諭を中心にきちんとしたボランティア組織を作り、活動を継続しているそうです。

●「図書館を連れて帰りたい」

市立図書館員の方々は、市民の要望を深く理解して下さっていると思いました。板挟みになっても善処してくれているという信頼関係があります。私たちの願いは図書館員の願いでもあり、できる限りの迅速な対応がなされていると思います。東村山の人はいいなあ、図書館はずっと良きアドバイザーでいてくれるんだもの。本当にうらやましい限りです。引越のとき、東村山の図書館を連れて帰りたいと思ったものです。たった二年間でしたが、司書の勉強のお尋ねや学校図書館整備に関してたくさん相談にのっていただき、お世話になりました。図書館の方々のお顔を思い浮かべただけで、涙が出そうです。心から感謝しています。

そして、今年度、東村山市でも子ども読書推進計画の策定中だそうです。策定協議会の会長をしているのが、高鷲忠美先生（学校図書館の専門家）と聞いただけで、どんなに素敵な計画ができることだろうと期待して見守っているところです。（小久井明京美）〈会報41号　二〇〇四年七月二一日より〉

広瀬恒子さんのお話を聞いて

二〇〇四年六月一一日に春日市で「本のよろこびを子どもたちへ」と題した講演会がありました。講師は昨年一一月のフォーラムで基調講演していただいた広瀬さん。温かいお人柄で、子ども、子どもの本については誰よりも把握されている方。一九六〇年代からの流れ、行政（国・各地の自治体を含めて）の動き、出版業界・公共図書館・学校図書館・各地の読書ボランティアの状況を含めお話しいただきました。

広瀬さんが紹介された「キレる子に昔よろこび、今おびえ」「遺伝子を組み替えたいと子に言われ」という二つの川柳に見られるように、子どもたちの内面について大人としてどうとらえていくのかと問題提起されました。子どもが自己肯定感を持てない、心の安定が持てないという状況があり、だからこそ、子どもに本の楽しさをと願うと話されました。本を楽しめる環境作りが大切で、富安陽子さんのエッセイ「ホラふきのすすめ」を例に、家庭での日常の文化的センスが大事で不思議なこと、胸躍ることを子どもは感じたいのではないか、親子でファンタジーを楽しむ土壌が必要なのではと述べ、一方で一面でしか見ようとしない大人の視野の狭さが子どもを生きにくくしている現実にもふれました。

子どもと本とをつなぐ「人」についても話しました。子どもの身近な人が本をつなぐこと、親として、教師として、地域の人として、図書館司書として、いろいろな場の人が子どもの本の場を作っていくこと、それも〝単眼〟でなく〝複眼〟で（多角的に）見ていくことの重要性も指摘しました。

読書ボランティアのかかわり方については、主として学校図書館ボランティアを例にあげ、お話し下さいました。山形県鶴岡市の朝暘《ちょうよう》第一小学校の場合、図書主任・司書教諭・学校司書が連携していて、皆で業務の根幹について話し合い、ボランティアの一人一人が個性を持ち合う、無理をしない、できるときにできることをするというのです。そして、

・行政の担う経済的責任を安上がりにするための人員動員としてボランティアが活用されるの

は、本来のボランティアのあり方ではない
・プライバシーの問題、教師との関係、選書などボランティアの可能性と共に限界もある
と、指摘されました。

「一人一人の子ども」ではなく「すべての子ども」ということを考えれば、公共で担うしかないのではは、つまり学校司書など連携のできる人がいて初めてできることではないか、という点には深く頷きました。話を伺ううち、在野の読書活動と公共の図書館、学校のよりよい「協働」があって、初めて国の定める「子ども読書推進法」にかなうのではないのかと思いました。法律は読書環境整備に特にふれているのですから。最後に、ゆっくり、のんびり、おっとり、がんばらないという「ゆっくり精神を楽しむマイペースの大事さ」についてもご指摘がありました。（「身」力丸世一）

〈会報41号　二〇〇四年七月二二日より〉

こんな質問ありました（1）　福岡市のホームページの図書館関連の質問から

「貸出図書の返却が遅れた場合どうなるのですか」（二〇〇四年九月受付）
……返却期間を過ぎて返したところ「本日一日は借りることはできません」と言われました。これは遅く返してしまった日数で決まるのでしょうか。以前も一週間遅れて返却したことがあり、遅れて返却した回数で借りることができなくなるのでしょうか。何も説明のないままで、

ただ、「今日は借りれない」とだけ言われて、何も聞けずに帰ってしまったのですが、どういうシステムになっているか教えて下さい（三〇代、女性）

【お答えします】

福岡市総合図書館（東・博多・中央・南・城南・早良《さわら》・西・博多南・和白《わじろ》の各図書館を含む）では、貸出期間（二週間）を過ぎても返却されない図書が三〇％あったため、希望する図書がなかなか利用できず他の利用者の迷惑となっていました。この事態を解消するために、平成一〇年（一九九八年）九月から貸出期間（二週間）を越えて借りている方には、新たな図書の貸し出しを停止する措置をとることにしました（貸出期間を越えている図書が返却されれば、翌日から図書の貸し出しは再開されます）。図書を皆様が利用しやすいように、公平で効率的な利用を図るという趣旨をご理解いただき、貸出期間内に返却していただきますよう、ご協力をお願いします。（お問合せは教育委員会総合図書館図書利用課）

〈会報42号　二〇〇四年一〇月二八日より〉

「さとしぶんこ」の吉永さんのこと

「ぼつぼつドクターに最後のお願いをしようと思うのよ」。年明けに交わした言葉が最後となり、一週間後の二〇〇五年一月一一日、私たちの会員であった吉永文子さんは七八歳の生涯を閉じられました。

　南米ペルーで生まれ、多感な一〇代半ばは戦時でアメリカの強制収容所暮らし。一九歳で終戦、ご両親と共に日本へ帰国されました。結婚後、お子さんがいなかったこともあり、ご主人と共に世界各地をご旅行、見聞を広められたようです。訪れた国は五四ヵ国、イタリアのように五、六回訪れた国も何ヵ国かあったとか。

　旅行と共に好きだったのが読書。ご夫妻共に本が好きで、図書館へは日を置かず通ったとのこと。その当時利用していた博多駅地区土地区画整理記念会館図書室には才津原《さいつはら》哲弘氏（現滋賀県能登川《のとがわ》町立図書館長）が勤務していて、吉永さん夫妻のどんな質問やレファレンスにも快く答えてくれたとのことでした。一つの疑問から次々に未知の世界が広がったこともあったとか。才津原氏への信頼が図書館への信頼となり、「この世を去るときには財産の一部を図書館へ寄付しよう」とご主人と申し合わせたとのこと。

　それが博多南図書館にある「さとしぶんこ」です。

　進取の気概にとみ、誇り高く凛としたたたずまいをお持ちの吉永さんはご自身の死期までも予測、昨年の九月頃には葬儀についての打ち合わせも終え、私に弔辞を読むように言われました。それと共に生前親しくしておられた方々に出す死亡通知文も預かりました。

　葬儀は、無宗教で三〇分以内に終えること、ご仏前や御供物は一切受け取らないこと、参列者に献花していただくときはＢＧＭとしてご主人の好きだったジャズをかけることなど、ご本人の計画したとおりの段取りで一月一三日、葬儀が執り行われました。見事な最期でした。式には福岡市総合図書館から管理部長、運営課長、図書利用課長、教育委員会から学事課長がご出席下さいました。会からは梅田さん、落石さん、柴田さん、力丸が出席しました。

あれから二ヵ月がたちます。生前お会いしていた以上に吉永さんを常に思い出し、近しく感じるのはなぜでしょうか。「地域の方々にもっと図書館を利用してもらいたい、子どもたちにはもっともっと世界へ目を向けてほしい」。こうした願いを博多南図書館職員の方たちがくみ取り、選本してくれました。図書館の予算ではなかなか入手できなかった高価な本や世界各地の絵本、大型活字本も多く揃っています。ご利用下さい。(「身」力丸世二)

〈会報44号　二〇〇五年三月二九日より〉

総合図書館に「大久保巖《いわお》文庫」新設

市内に住むOさん姉妹のご寄付により、市内の全小学校に学校図書の補充があったことを会報三五号でお知らせしましたが、総合図書館内の「こどもとしょかん」にもご寄付いただき、二〇〇二年度は二三三三冊、二〇〇三年度は三二九二冊、二〇〇四年度は二四〇二冊の図書を購入しましたと、図書利用課長より連絡いただきました。「こどもとしょかん」に「大久保巖文庫」のプレートと共に新設され、多くの方に利用されています。財政難の今、これだけの図書をご寄付いただいたことに感謝いたし、たくさんの市民に利用してもらいたいと願っています。

また、私たちの活動をご覧になった市民の方から、事務局用にとパソコン一式、読み聞かせの活動に使ってほしいと絵本ほか図書資料をいただきました。フォーラム「住民と図書館」の事務局も長い間私たちの会がしており、パソコンがとても重宝しております。また、図書館での「おはなし会」のほかに、小学校や公民館での読み聞かせ、保健所でのブックスタート事業への協力、小・中学校へのブックトークにと図書資料が大変役立っています。どこかで、どなたかが見ていて下さると会員みんな感謝しています。たくさんの切手や葉書をいただくこともあり、多くの方が私たちや図書館をご支援下さっていることを感じています。（「身」力丸世一）〈会報44号　二〇〇五年三月二九日より〉

こんな質問ありました（2）　福岡市のホームページより

図書館計画を示し、図書ボランティアについて再考して（二〇〇五年三月受付）

……K市の図書館へ見学に行き参考となるものが多くありました。

一　短期・中期・長期にわたる図書館計画が市民に分かるように示されています。

二　市立図書館の基本姿勢を明確に示しています。「図書館として市民にこのような姿勢で図書館を運営します。サービスはこのようにします」と明示しています。立派な冊子ではありませんが行政責任として市民に基本姿勢を出しています。福岡市でも一、二は出してほしい。

三　図書ボランティア養成について。確かに福岡市でもボランティア養成講座を開催していますが、中身に注目しました。K市の場合、図書ボランティアを志す人には一ヵ月に四回、一回につき三時間の基礎講座を開催。第一回は「図書ボランティアとは」と題し、「ただ日本語が読めるレベルの意識ではやってはいけない」と伝えています。一ヵ月の基礎講座の後に全日のフォローアップ研修があり、受けないとボランティア登録できないとのこと。また、経験者でも、必ず毎年フォローアップ研修は受けるとのこと。こうした厳しい研修を受けた後でないと、図書ボランティア活動ができないと聞きました。福岡市の現状はどうでしょうか。「ちょっとボランティア」という軽いノリでしている人も多くいます。これから育っていく子ども相手だということ、心身をはぐくむ観点からも、もう少しボランティアにきちんと公にたずさわることについての意識を伝え育ててほしいと願います。

（博多区、五〇代、女性）

【お答えします】

この度は、貴重なご意見をいただきありがとうございます。

図書館計画につきましては、福岡市総合図書館では平成一六年六月に策定いたしました福岡市の中期計画ともいえる「政策推進プラン」の中において、「図書館サービスの充実」として「図書館分館化」「ITを活用した図書館サービスの充実」「開館日の見直し」を掲げて、現在、その実施に向けて取り組んでいるところでございます。今後とも、広く市民の皆様のご意見を取り入れながら、皆様にご満足いただける図書館運営に努めてまいります。

読書ボランティアにつきましては、大切な役割を果たしていただいており、今後も研修会の開催等資質の向上をめざし取り組んでまいりたいと考えておりますので、ご理解をお願いいたします。（教育委員会総合図書館図書利用課）

〈福岡市ホームページ　二〇〇五年五月一九日掲載より転記、会報45号　二〇〇五年五月三〇日より〉

図書館の運営は公営で

戦前のわが国では、お上や国家からの恩恵としての図書館あるいは思想統制のための図書館という公立図書館観でしたが、戦後、図書館は地域住民の生活に必要な施設であるという認識と、そのような図書館の整備は自治体行政の責務であるという認識に基づいた東京都の図書館振興策（一九七〇年代）により、都内にたくさん図書館ができていったことを山口源治郎氏の講演で学びました。そして、八〇年代半ばから九〇年代に全国各地で図書館設置を望む声があがり、図書館建設が相次いでいきました。

公共図書館の素晴らしいところは赤ちゃんから高齢者まで誰もが利用できるということ、生涯学習時代の個人の多様な学習ニーズにこたえられるということです。読みたい資料をリクエストできるのは図書館だけです。図書館は市民がリクエストした資料を草の根を分けても探し出してくれるすぐれた社会教育機関です。長い年月をかけて資料や情報を蓄積している上に、近隣の図書館や県立図書館、さらには国立国会図書館まで互いに連携、協力しあうネットワークを構築していますし、資料を探し出してくれる司書職員がいます。

また今日、一年間に出版点数七万点を超えるという情報洪水の中で、「情報を選びとっていく浄水機能」（糸賀雅児氏の言葉）も図書館は担っています。良質の出版文化を支え、読みつがれるものを伝えていく役割も担っているわけで、そのためにも情報を選別できるプロ、経験を積んだ司書職員が必要です。

そういう図書館が身近にほしいと願って私たちは活動してきました。「仕事帰りに寄れるところに、エプロンがけで行けるところに、子どもの走っていけるところに図書館を」を合言葉にやってきました。二〇〇〇年の子ども読書年をきっかけに、子供たちにとって身近な図書館ということで学校図書館のことにもかかわってきました。

ところが今、「聖域なき構造改革」のかけ声のもと、多くの分野で官から民への移管が進み、特に、二〇〇三年に導入された指定管理者制度により、図書館も民間委託の対象にさらされています。民営化したら、これまで公共図書館として蓄積してきた資料、情報、ノウハウを生かすことができるのか、互いに連携、協力しあう公共図書館のネットワークからはずされてしまうのではないか、読みたい資料を探し出してもらい手にとることができるのか、これからは学校図書館の支援も必要となるのにそれにこたえられるのか、と心配は尽きません。

ここはやはり原点に立ち返り、図書館の社会保障的性格を思い出し、公営で運営してもらいたいと願っています。

（「身」柴田幸子、書き下ろし）

活動年表

1995（平成7）年

10月6日「身近に図書館がほしい福岡市民の会」発足
11月17日　会報1号発行
　19日「仙台にもっと図書館をつくる会」前代表にアドバイスをいただく
　23日「さよなら市民図書館　お別れの集い」に参加
12月19日　講演会「図書館は市民がつくる」を開催。講師菅原峻氏。1996年6月オープン予定の新図書館を菅原氏と共に見学

1996（平成8）年

1月11日　会報2号発行
2月15日　福岡県苅田町立図書館を見学
3月10日　会報3号発行
4月8日　新図書館のオープン前の見学会（2回目）
5月9日　会報4号発行
6月6日　会報5号発行
　29日　福岡市総合図書館開館。お祝いに折り紙のひまわりバッチ（仙台の会の扇元さんに教わる）七五〇個を来館の子どもたちに配る
7月23日　会報6号発行
10月8日　会報7号発行（会が発足して一年）
11月1日　第一回フォーラム「住民と図書館」を開催（柳川市立図書館で）。福岡県内外から一四〇名参加
　3日　ガレージセール（博多区山王公園で）、毎年

この時期、奈良屋まちづくりの方たちに加えてもらい会の資金作り
15日　会報8号発行
22日　フォーラム反省会（奈良屋公民館で）
26日　市総合図書館と意見交換（来年のフォーラムは福岡で）
12月24日　会報9号発行

1997（平成9）年

1月10日、21日　市総合図書館と懇談
29日　雑餉隈地域交流センター内図書施設に関する要望書を提出
3月5日　市総合図書館と懇談
18日　会報10号発行
5月16日　市総合図書館と懇談（要望書への回答をもらう）
6月9日　会報11号発行
6月21日　高橋良平初代総合図書館館長の告別式（二名列席）
9月8日　会報12号発行
10月1日　第二回フォーラム「住民と図書館」を開催（市総合図書館で）
6日　九州・沖縄図書館づくりセミナー（佐賀市立図書館）参加
11月2日　ガレージセール（山王公園で）
27日　フォーラム報告集を作成、発送
12月20日　会報13号発行

1998（平成10）年

2月26日　フォーラム「住民と図書館」例会（県立図書館で）
3月5日　市総合図書館と懇談（例会を四月から総合図書館内でと申し入れ）
4月8日　会報14号発行
市総合図書館二代目館長に田中健蔵氏
23日　フォーラム「住民と図書館」例会（県立図書

館で）
6月3日　会報15号発行
7月8日　福岡県城島町民図書館を見学
8月4日　会報16号発行
9月11日、10月8日　例会に総合図書館の使用不許可の件で図書館と話合い（会報18号に記載）
10月18日　11月15日の福岡市長選挙に向け、公開質問状を作成・発送
11月2日　候補者四人の回答を公開、市政記者室へ
1日　ガレージセール（山王公園で）
4日　会報17号発行
12月2日　会報18号発行
4日　苅田町でフォーラム打合せ
9日　福岡県瀬高町立図書館を見学

1999（平成11）年

3月2日　会報19号発行
20日　第三回フォーラム「住民と図書館」を開催（苅田町で）
5月25日　フォーラム報告集を作成
6月16日　市総合図書館副館長と懇談（三名）
7月5日　図書館問題研究会全国大会に参加、筑後市で（一名）
7日　県生涯学習課、県立図書館、県議と県内の図書館について話し合い
25日　ガレージセール（マリンメッセで）
27日　会報20号発行
9月9日　市総合図書館副館長と懇談（五名）
10月13日　例会で分館の現状を点検してみようとの意見、各区で点検
11月12日　「山口県図書館振興県民のつどい」に参加（二名）
25日　会報21号発行（分館点検を連載、24号まで）
12月7日　福岡県久山町民図書館を見学
17日　フォーラム「住民と図書館」例会（県立図書館で）。県企画協力課長も出席。次回フォー

ラムは志免町に

2000（平成12）年

1月26日　会報22号発行
28日　博多南図書館（雑餉隈交流センター）内覧会に出席（三名）
30日　博多南図書館開館。お祝いに王冠バッチとひまわりバッチを、来館の子どもに贈る
フォーラム実行委員会を何度も開き、第四回フォーラム準備
4月14日　会報23号発行
25日　市総合図書館、新課長と懇談
5月27日　第四回フォーラム「住民と図書館」を開催（志免町で）
6月8日　友池助役と懇談（石川市議と会員三名）
13日　フォーラムの反省とまとめ
27日　市総合図書館、図書利用課長と係長と懇談（五名）
7月12日　会報24号発行
19日　福岡県粕屋町立図書館を見学
10月5日　会報25号発行
14日、15日　子ども読書年フェスティバルinふくおか（五名参加）
11月5日　ガレージセール（山王公園で）
12月6日　佐賀県武雄市図書館を見学
24日　市総合図書館図書利用課長と話し合い（三名）

2001（平成13）年

1月16日　会報26号発行
3月1日～15日　博多南図書館オープン一周年、アンケート調査実施
4日　日本図書館研究会九州ブロックセミナーに参加（二名）。福岡県立図書館で
22日　フォーラム「住民と図書館」例会（県立図書館で）。次回フォーラムは前原市で
29日　会報27号発行

4月26日　市総合図書館図書利用課長と懇談
6月6日　会報28号発行
　9日　博多小学校地域開放図書室記念講演会。講師、北島悦子氏
8月8日　第五回フォーラムのことで県教委・県立図書館に講師依頼
9月3日　会報29号発行
10月13日　苅田町「図書館を語る会」に代表が参加
　17日　長崎県諫早市立図書館を見学
11月4日　ガレージセール（山王公園で）
　10日　第五回フォーラム「住民と図書館」in糸島、開催（前原市で）
12月2日　日本図書館協会福岡支部研修会（県立図書館）参加（三名）
　12日　フォーラム実行委員会（県立図書館）報告集の作成、発送
　19日　会報30号発行

2002（平成14）年

3月12日　博多南図書館に「さとしぶんこ」新設
　18日　会報31号発行
5月24日　Oさん寄付の件で市教育委員会と打ち合わせ
　29日　市総合図書館図書利用課長と面談（七名）
6月11日　市総合図書館図書利用課長・運営課長と懇談（五名）
　18日　和白地域交流センター内図書施設に関する要望書を提出（石川市議、市民局、教育委員会、総合図書館、会から五名）
　24日　会報32号発行
7月8日　市教育委員会とOさん寄付金について打ち合わせ
8月5日　Oさん寄付金授受式に立ち合う
9月3日　会報33号発行
10月8日　福岡県嘉穂町立図書館と桂川町立図書館を見学
　14日　11月17日の福岡市長選挙に向け、公開質問状

を作成、発送
23日　学校図書整備費について市教育委員会に申し入れ（石川市議と共に）
11月1日　会報34号発行。公開質問状への市長候補者三名の回答を掲載
3日　ガレージセール（山王公園で）
12月8日　講座「図書館を学ぶ」に参加（二名）。久留米市民図書館で

2003（平成15）年
1月28日　会報35号発行
2月26日　福岡県知事候補者（二名）へ公開質問状を送る
3月17日　回答を県政記者室に手渡し、フォーラムのメンバーに郵送
18日　会報36号発行
4月17日　市総合図書館の図書利用課長と懇談（三名）
5月7日　会報37号発行
16日　市教育委員会で司書教諭発令の件や学校司書のことを尋ねる
26日　講演「いま、市民の図書館を手にいれるには？」に参加（講師・才津原哲弘）、福岡市で（三名）
6月10日　児童図書整備感謝状贈呈式（大久保巌文庫）に立ち合う
8月9日　和白図書館開館
16日　会報38号発行
9月20日　講演「子ども読書活動推進計画策定に市民の声を」に参加（講師・中多泰子）、佐賀市で（二名）
29日　フォーラム「みんなで語ろう子ども読書推進計画」の後援依頼に市教委と県教委に、10月7日、西日本新聞社に
10月8日　和白図書館を見学
11月10日　ブックスタート、「司書の会」と読書ボランティア話し合い
13日　第六回フォーラム「本のよろこびを子どもた

ちへ」を開催（子ども読書推進フォーラム）、福岡県立図書館で
17日　ブックスタート、司書とボランティアの話し合い
12月8日　ブックスタート、保健局と図書館とボランティアの話し合い
22日　会報39号発行

2004（平成16）年

2月7日　「図書活動ミニフォーラム」に参加（三名）。ふくおかネットワーク主催、あいれふで
9日　ブックスタート研修会（市総合図書館で）に参加（講師・NPOブックスタート理事　佐藤いづみ）
23日　子ども読書推進フォーラム記録集（計七〇〇部）作成、発送
3月2日　記録集を市議会の第一委員会（教育）所属議員一三人に各会派ごとに手渡し、市教育委員会井上部長、市子ども読書推進計画策定担当者、西日本新聞、朝日新聞に手渡し。毎日新聞、読売新聞には16日手渡し
7日　シンポジウム「図書館は筑後市の未来を拓く」に参加（一名）
23日　市議会特別委員会を傍聴（子どもの読書推進、四名参加）
4月5日　会報40号発行
14日　市総合図書館で管理部長、運営課長、図書利用課長と係長と面談（三人）
5月11日　福岡「子どもの読書」関連団体連絡協議会・子ども読書推進講演会（講師・明定義人）に参加（二名、県立図書館で）
19日　ブックスタートボランティア各区代表者連絡会に参加（ボランティア代表決め、子ども読書推進計画策定委員に）
31日　図書館友の会全国連絡会に入会
6月3日　第一回福岡市子ども読書活動推進計画策定委

員会に出席。以後7月2日、9月17日、11月2日、２００５年2月17日開催
6月11日　「本のよろこびを子どもたちへ」講演会（講師・広瀬恒子、春日市にて）
12日　紙芝居講座 in ゆふいんに参加（二名）
16日　福岡県三橋町立図書館を見学
7月22日　会報41号発行
8月4日　福岡市ブックスタート事業始まる
7日　講座「学校図書館を学びの宝庫に」に参加（三名）。山口市、山形県鶴岡市立朝陽第一小学校の取り組み
23日　ブックスタートの件で市役所で話し合い。教育委員、教育委員会総務課長、保健局子ども家庭係。城南区ボランティア、博多区ボランティア
9月30日　ブックスタートのボランティア新人研修（五〇人）に参加
10月11日　西日本図書館学会福岡県支部研修会（山田市で）に参加。「くらしの中に図書館を」。指定管理者制度とは何か（四名）
27日　北九州市立図書館の民営化導入に再考を促す要請書に署名
28日　会報42号発行

２００５（平成17）年

1月7日　「福岡市子ども読書推進計画」原案へのパブリックコメントに向けての勉強会（福岡おはなしの会主催）に参加
3月8日　図書館友の会全国連絡会(東京)に参加(一名)
9日　鎌倉市の図書館を見学（一名）
23日　市議会、特別委員会を傍聴（学校図書館について）（二名）
29日　会報44号発行（43号は欠番）
4月25日　市教育長と面談（会から三名）
26日　市総合図書館運営課長、図書利用課長と面談（博多南図書館で）

5月30日　会報45号発行
7月24日　第一五回親子読書・地域文庫全国交流集会（埼玉県嵐山町で）に参加（二名）
25日　〝読書ボランティアのいま、これから〟で代表（力丸）が事例発表
8月6日　講演「知の地域づくりと図書館の役割」に参加（一名）。講師・片山鳥取県知事。「図書館フレンズいまり」主催
27日　社会教育研究集会全国集会に参加（二名）福岡市で

編集後記

二〇〇五年一〇月、私たちの会が発足して一〇年になりました。一〇年を記念して何か企画しましょうと定例会で話し合いました。講演会開催の案や、新たに原稿を依頼して記念誌を編む案もありましたが、「私たちの発行している会報はなかなか良いよね」とつぶやくように言った会員の言葉がヒントになりました。会報は毎回、三〇〇部印刷して会員や全国各地の図書館づくりの会(互いに会報交換をしています)、読んでもらえそうな方に送っています。もっと多くの方に読んでもらいたいということと、私たち自身がこの一〇年の活動の歩みを振り返るためにも、これまで発行した会報をまとめてみようということになりました。

会報を合本にすることをまず考えましたが、会報の大きさがB5だったりA4だったり一定していないので合本にすることはできませんでした。そこで、会報一号から四五号まで目を通しながら、横書きの会報をワープロで縦書きにする作業を始めました。一つ一つの原稿と対話しながらワープロを打ち、会の歩みをたどることになりました。

活動の大きなものとしては、二〇〇〇年に開館した博多南図書館(博多区)と二〇〇三年に開館した和白図書館（東区）について、計画段階でそれぞれ要望書を提出したことと、一九九八年と二〇〇二年には福岡市長候補者に、二〇〇三年にはフォーラム「住民と図書館」と連名で福岡県知事候補者に公開質問状を提出、回答をそのつど会報の速報版として掲載したことでしょうか。

図書館見学は会の活動の大きな柱の一つです。新しく開館した県内の図書館を中心に見学し、多くの見学記を掲載しました。また、県内を中心とした一五自治体の図書館づくり市民の会のネットワークであるフォーラム「住民と図書館」の活動にも大きくかかわってきまして、これまでに六回の講演会を開いています。その様子も掲載しています。最も頭を悩ませたのは分館点検（一九九九年から二〇〇〇年）の記事をどのようにまとめるかでした。これは、会員皆で、それぞれ自分の住む区の図書館分館を点検し、会報に連載したものです。区によって問題のとらえ方やまとめ方にばらつきがありましたが、結果的には、会報に掲載したほぼそのままの形で再録しました。ばらつきといえば、東図書館のところに多くのスペースをとりました。東区は人口が二六万人以上で区域も広く、中都市といってよいところです。そこに三三五平方メートルの東図書館がたった一館（二〇〇三年に六三〇平方メートルの和白図書館が開館しましたが）です。東区民はもっと怒っていいのです。

さて、この一〇年誌への記事の再録に際しては、掲載の旨とご氏名を入れることの諾否を問い合わせていますが、引っ越しなどで連絡の取れない方がおられました。その方々にはご氏名を入れましたことのご了承をお願いいたします。氏名の記入のない記事は、そのときどきの会報担当者の文責です。

また、私たちの会の活動を支えて下さり、いつも適切にご指導下さった菅原峻氏にはお言葉をいただきました。ありがとうございました。

会報をもとに原稿を作っていきましたが、会の発足当時は発足に多くのエネルギーを注いだためか、当時の記事がありません。いろいろ探して、翌年の一九九六年に柳川市で開かれた第一回フォーラム「住民と図書館」でパネラーとして私たちの会を紹介した原稿を使いました。それから、西日本新聞に私たちの会のことや福岡市総合図書館のことなどが掲載されている記事二つ（一九九五年一〇月と一二月に掲載）を新聞社に許可を得て転載させてもらいました。

原稿の分類の仕方などいろいろとアドバイスして下さった石風社の福元満治氏と制作に当たって細々とご教示下さった藤村興晴氏には感謝申し上げます。ありがとうございました。

二〇〇六年二月

柴田幸子

執筆者一覧

●身近に図書館がほしい福岡市民の会
力丸世一（代表世話人）、柴田幸子（副代表）、梅田順子、津田明子、坂本由美、斉藤れつ子、橋山尚江、小田ゆう子、大槻博子、中嶌伸子、桐原美枝、宮本真弓

●奈良屋まちづくり協議会（やらな文庫。「身近に図書館がほしい福岡市民の会」団体会員）
中島芳子、落石みどり、北風香代子

●その他執筆協力者
外井京子、漆原宏、渋田壽子、加世田里和子、三原涼、松尾有子、野田礼、小久井明京美、菊池美智子、戸倉直毅、大澤正雄、下川和彦、阿曾千代子

おーい図書館！
市民による図書館運動一〇年の記録

二〇〇六年六月三〇日初版第一刷発行
二〇〇六年七月一〇日初版第二刷発行

編　者　身近に図書館がほしい福岡市民の会
発行者　福元満治
発行所　石風社
福岡市中央区渡辺通二—三—二四
電話〇九二（七一四）四八三八
ファクス〇九二（七二五）三四四〇

印　刷　九州チューエツ株式会社
製　本　篠原製本株式会社

表示は税込み価格（本体＋税五パーセント）です

中村哲＋ペシャワール会編

空爆と「復興」　アフガン最前線報告

米軍による空爆下の食糧配給、農業支援、そして全長十四キロの灌漑用水路建設に挑む医師と日本人青年たちが、四年間にわたって記した修羅の舞台裏。二百数通に及ぶeメール報告を含む、鬼気迫るドキュメント

（2刷）一八九〇円

中村哲

医者　井戸を掘る　アフガン旱魃との闘い

「とにかく生きておれ！　病気は後で治す」。百年に一度といわれる最悪の大旱魃が襲った瀕死のアフガニスタンで、現地住民、そして日本の青年たちとともに千の井戸をもって挑んだ一医師の緊急レポート

（10刷）一八九〇円

栢野克己

逆転バカ社長　天職発見の人生マニュアル

転職・借金・貧乏・落第……は成功の条件だった！　ラーメン界の風雲児から冷凍たこ焼き発明者、ホワイトデーの創設者まで、今をときめくフクオカの元気社長二十四人の痛快列伝。「負け組」が逆襲する経営戦国時代の必読バイブル！

（3刷）一五七五円

ジミー・カーター

少年時代

飼牛万里・訳

米国深南部の小さな町、人種差別と大恐慌の時代、家族の愛に抱かれたピーナッツ農園の少年が、黒人小作農や大地の深い愛情に育まれつつ、その子供たちとともに逞しく成長する。全米ベストセラーとなった、元米国大統領の傑作自伝

二六二五円

小林澄夫

左官礼讃

日本で唯一の左官専門誌「左官教室」の編集長が綴る、土壁と職人技へのオマージュ。左官という仕事への愛着と誇り、土と水と風が織りなす土壁の美しさへの畏敬と、殺伐たる現代文明への深い洞察に貫かれた左官のバイブル。

（7刷）二九四〇円

藤田洋三

鏝《こて》絵《え》放浪記

壁に刻まれた左官職人の技・鏝絵。その豊穣に魅せられた一人の写真家が、故郷大分を振り出しに、壁と泥と藁を追って、日本全国、さらには中国・アフリカまで歩き続けた二十五年の旅の記録。「スリリングな冒険譚の趣すらある」（西日本新聞）

（2刷）二三一〇円

表示は税込み価格（本体＋税五パーセント）です

藤田洋三

藁塚《わらづか》放浪記

北は東北の「ワラニオ」から南は九州の「ワラコヅミ」まで、秋の田んぼを駆け巡り、〈ワラ積み〉の呼称と姿の百変化を追った三十年の旅の記録。日本国内はいうに及ばず、果ては韓国・中国まで踏査・収集した写真三百葉を収録した貴重な民俗誌！

二六二五円

姜信子（文）アン・ビクトル（写真）

追放の高麗人《コリョサラム》

＊〇三年地方出版文化功労賞受賞

1937年、スターリンによって中央アジアの地に強制移住を強いられた二〇万人の朝鮮民族。国家というパラノイアに翻弄された流浪の民は、日本近代の代表的大衆歌謡「天然の美」を今日も歌い継ぐ。絶望の奥に輝く希望の光に魅せられ綴った物語

二一〇〇円

石牟礼道子全詩集

はにかみの国

＊芸術選奨文部科学大臣賞受賞

【文化庁芸術選奨・文部科学大臣賞受賞】石牟礼作品の底流に響く神話的世界が、詩という蒸留器で清冽に結露する。一九五〇年代作品から近作までの三十数篇を収録。石牟礼道子第一詩集にして全詩集

（2刷）二六二五円

トーナス・カボチャラダムス（画・文）

空想観光　カボチャドキヤ

「今ここの門司の町がカボチャラダムス殿下が魔法をかけている間だけカボチャドキヤ王国なのである」〈種村季弘氏〉猥雑でシニカル、豊穣でユーモラス、高貴にしてエロティックなカボチャの幻境を描いた不思議な画文集！

二一〇〇円

宮崎静夫

絵を描《か》く俘虜

満洲シベリア体験を核に、魂の深奥を折々に綴った一画家の軌跡。昭和十七年、十五歳で満蒙開拓青少年義勇軍に志願。敗戦後シベリアに抑留。四年の捕虜生活を送り帰国。土工をしつつ画家を志した著者が、虚飾のない文体で記す、感動のエッセイ

二一〇〇円

安達ひでや

笑う門《かど》にはチンドン屋

親も呆れる漫談少年。ロックにかぶれ上京するも挫折。さらに保証をかぶって火の車になり、日銭稼ぎに立った大道芸の路上で、運命の時はやってきた——。全日本チンドンコンクール優勝、稀代のチンドン・バカが綴る、裏話満載の痛快自叙伝。

（CD付）一五七五円

バーサンスレン・ボロルマー（絵・文）長野ヒデ子（訳）

ぼくのうちはゲル

2005年野間国際絵本原画コンクールグランプリ受賞作

夏の宿営地で生まれた男の子ジル。春・夏・秋・冬と、羊や馬たちとともに草原をめぐる、モンゴル・移動民の物語

一五七五円

バーサンスレン・ボロルマー（絵・文）長野ヒデ子（訳）

モンゴルの黒い髪

＊2004年国民文化祭・絵本大会グランプリ受賞

敵は邪悪な四羽のカラス。武器もない女たちが草原と家族をまもった――。モンゴルの伝統民話を題材に、彩色豊かに描かれた珠玉の絵本。「絵のすばらしさに圧倒された」（宮西達也氏）

（2刷）一三六五円

ながのひでこ（絵・文）

とうさん　かあさん

「とうさん、かあさん、聞かせて、子どものころのはなし」。子どものみずみずしい好奇心が広げる、素朴であったかい世界。ロングセラーとなった長野ワールドの原点、待望の新装復刊

一四七〇円

＊第一回日本の絵本賞・文部大臣奨励賞受賞

わらうだいじゃやま　大牟田の絵本

内田麟太郎（文）伊藤秀男（絵）

「よいさ　よいやさ　じゃじゃんこ　じゃん！」炭坑の町・大牟田の勇壮な夏祭り「大蛇山」が、町の復興を願う市民の協賛によって絵本になった！　ナンセンス絵本の最前線を走る名コンビが描いた元気な絵本！

一五七五円

やまもとさとこ（絵・文）

大男のはなの穴

ある嵐の夜のこと。島に、こわれた舟が打ち上げられた。なかにいたのは、船長と猫いっぴき。やっと雨をしのげるほらあなを見つけたと思ったら、そこは大男のはなの穴だった！「♪技術だけじゃだめよね♪　いいなあ、このおおらかさ」（内田麟太郎氏）

一三六五円

＊2004年国民文化祭・絵本大会審査委員長賞受賞

植村紀子（作）長野ヒデ子（絵）

鹿児島ことばあそびうた

「掘り出したばかりのさつまいもみたいに無骨だが、焼き立てのさつまいもみたいにおいしいことばたち」（谷川俊太郎氏）。郷土を愛するすべての人たちのために書かれた、鹿児島弁初のことばあそびうた集

＊朗読CD付　（2刷）二一〇〇円

＊読者の皆様へ　小社出版物が店頭にない場合は「**日販扱**」か「**地方・小出版流通センター扱**」とご指定の上最寄りの書店にご注文下さい。なお、お急ぎの場合は直接小社宛ご注文下されば、代金後払いにてご送本致します（送料は二五〇円。総額五〇〇〇円以上は不要）。